JN409049

짧은 글, 깊은 사색

조금은 흔들려도 괜찮아

박신영 에세이

시와사람

조금은 흔들려도 괜찮아

2024년 1월 30일 1쇄
2024년 12월 1일 2쇄
2025년 10월 1일 3쇄

지은이 | 박 신 영
펴낸이 | 강 경 호
편　집 | 강 나 루
디자인 | 정 찬 애
발행처 | 도서출판 시와사람
등　록 | 1994년 6월 10일 제 05-01-0155호
주　소 | 광주시 동구 양림로119번길 21-1(학동)
전　화 | (062)224-5319
E-mail | jcapoet@hanmail.net

ISBN 978-89-5665-716-5 03810

· 잘못된 책은 구입하신 서점에서 바꾸어 드립니다.
· 이 책은 2023년도 전라남도문화재단 지역문화예술육성 지원사업의 지원으로 발간되었습니다.
· 값은 표지에 있습니다.

이 도서의 국립중앙도서관 출판예정도서목록(CIP)은
서지정보유통지원시스템 홈페이지(http://seoji.nl.go.kr)와
국가자료종합목록 구축시스템(http://kolis-net.nl.go.kr)에서
이용하실 수 있습니다.

조금은 흔들려도 괜찮아

■ 들어가는 말

글을 쓰기 시작하면서부터 편지처럼 짧게 써두었던 글들을 서랍 속에서 만났다. 오랫동안 어두운 곳에서 많이 외로웠을 것이다. 그렇게 웅크리고 앉아 삭고 익어 깊은 향으로 내 손에 묻어온 것이다. 그 향기는 지루했던 불면의 밤을 메꾸며 나를 다시 눈뜨게 했다. 그 속을 가만 들여다보니 내 인생이 녹아 있었다. 숨조차 쉴 수 없는 깊은 밤, 끝없이 흘렸던 눈물도, 진실을 외면한 사람들을 보며 가슴을 쓸어내리던 아픔도, 누구에게도 말할 수 없어 가슴에만 품었던 아픈 사연들도 거기 다 고여 있었다. 그것들을 가만 가만 다독여 펜 끝에 품어 글이라는 틀에 담아 세상에 내놓는다.

날씨가 많이 차다. 혹여 작은 몸들이 세상에 나가 얼지 않을까 걱정이다. 하지만 누군가의 눈에 띄어 따뜻하게 품어 주면 좋을 것이라는 희망도 놓치지 않는다.

박신영

조금은 흔들려도 괜찮아

차 례

차 례

2부_ 나의 사랑이야기

차 례

차 례

조금은 흔들려도 괜찮아

차 례

차 례

조금은 흔들려도 괜찮아

차 례

1

가슴에 뜨는 별

보석

산다는 것은 이런 것일까.

삶에 균열이 생기고 모든 것을 포기하고 싶도록 힘들 때, 속 깊은 마음으로 위로해 주고 따뜻한 정성으로 격려해 주는 사람들이 있어 마냥 슬픔에 잠겨 있을 수 없어 다시 일어서는 것.

세상에서 가장 갖고 싶은 보석은 바로 그런 사람들이 내 곁에 있는 것이다. 안부 한마디에 행복하고 응원 한마디에도 진심이 전해오는 그런 사람들 말이다. 그런 사람들의 고운 마음은 향기로운 꽃이 되고 좋은 말은 복이 된다는 걸 나는 믿는다.

힘들고 아플 때 동행이 되어 손잡아 일으켜 주는

사람들, 괜찮다고 응원과 위로를 아끼지 않은 사람들, 그들이 내 곁에 있다는 것만으로도 나는 살아갈 이유를 놓치지 않는다.

인생이란, 문틈으로 백마가 달리는 모습을 보는 것 같이 삽시간에 지나간다고 한다. 하여 나이를 채워가는 삶이 아니라 좋아하는 사람들과 아름다운 추억을 만들어가며 사는 것이 진정 가치 있는 삶일 것이다.

어느 토요일, 그런 보석 같은 친구와 후배들과 행복한 시간을 보냈다.

예쁜 케익을 손수 만들고, 상위에 꽃잎을 뿌려 선배가 있어 세상이 아름다운 것이라며 이른 생일상을 차려준 후배들.

그 상 위에 뿌려진 것이 어찌 꽃잎뿐이겠는가, 그들의 애뜻한 마음, 정성스런 손길, 그리고 하얗게 웃는 그 넉넉하고 고운 모습들이 촛불을 타고 흐른다.

꽃잎이 모여 꽃이 되고 나무가 모여 숲이 되듯이 기쁨이 모여 행복이 되고 너와 내가 모여 우리가 되었다. 작은 것에서 오는 행복이 가슴속까지 뜨겁게 달구었고 나의 보석들은 고운 추억을 만들며 화려한 빛을 온 지상에 퍼뜨리고 있었다.

차마 닦지 못한 그녀의 눈웃음

코스모스처럼 마음이 여린 친구가 병원에 입원을 했다.

몇 달 전, 막 걸음마를 배우는 손주와 꽃 같은 며느리를 두고 갑자기 심장마비로 세상을 떠나버린 아들 때문이다.

병실 문을 열고 들어서니 친구는 빛과 어둠 사이를 넘나들고 있었다. 아니, 삶과 죽음의 문턱을 헤매고 있었다.

시린 겨울바람이 내 가슴 한복판을 가르고 지나가는 것처럼 싸하니 통증이 밀려온다.

그래, 자식을 보내고 그리 아프지 않으면 어찌 부모라 하겠는가. 어찌 어미라 하겠는가. 그녀의 손을 힘주어 잡았다. 파르르 떠는 손에 눈물과 아픔이 배어있었다. 아파야지. 그럼 그래야 네가 살지.

나는 '그만 아파!'라고 말하지 못하고 '그만 울어!'라고 말하지 못했다. 얼마나 더 아파야 고른 숨을 쉴 수 있을까. 얼마나 더 울어야 뜨거운 눈물을 거둘 수 있을까.

'신영아!' 아스라이 들리는 그녀의 목소리, 눈을 감고도 감각과 체온으로 나를 감지하는 친구의 눈에서 눈물이 주르륵 흐른다.

손수건을 꺼내 그녀가 밖으로 내보내는 고통의 눈물을 닦는다.

슬픔으로 진저리 치는 설움도 닦는다.

아들을 향한 진한 그리움과 애틋함도 닦는다.

그러나 내가 가장 사랑하는 그녀의 눈웃음만은 차마 닦을 수가 없었다.

그냥 웃기만 해

친구가 오늘은 나를 오롯이 자기 맘대로 하겠다고 우기며 우리 집 앞에 차를 세운다. 가을 단풍이 곱다며 화순을 거쳐 담양으로 한 바퀴 돌더니 어디론가 핸들을 돌린다.

'신영아! 이제부터 너는 그냥 웃기만 해. 실성했다고 해도, 허파에 바람 들었다고 해도 그냥 웃기만 해. 넌 웃는 모습이 참 예뻐.'

그녀는 내게서 무엇을 보았을까?

낙엽이 뒹구는 길을 홀로 걸을 때처럼 휑하니 비어있는 시린 가슴을 보았던 것일까. 아니면 가슴 저 밑바닥 누름돌 속에 숨겨둔 아픔을 보았을까.

그래, 네 눈에 내가 그리 보인다는데 네 말대로 웃

기만 해야지.

오후 4시다.

저녁 먹기에 이른 시간인데 그녀는 내 의사는 묻지도 않고 나를 끌고 말바우시장 어느 식당으로 들어간다. 그녀는 전어회 한 접시와 굴찜을 시킨다. 카스와 잎새주도 따라 들어온다.

오늘은 그냥 가만히 앉아 있어. 내가 다 먹여 줄게. 그녀는 상치와 깻잎 위에 전어를 듬뿍 올려놓고 양념을 얹어 내 입에 넣어준다. 폭탄주 한잔이 오장을 타고 사르르 내려간다.

그날, 나는 처음으로 손 놓고 앉아 그녀가 먹여주는 음식들을 받아먹었다.

꼭 이렇게 한번 너를 먹이고 싶었어. 여기 전어가 맛있어. 전어는 이렇게 먹는 거야. 고마워. 정말 맛있고 행복해.

사람과 사람 간의 관계란 내가 아닌 상대를 위해주는 것, 그리고서야 비로소 온전한 관계가 완성되는 것이 아닐까.

나는 그날을 잊지 못할 것 같다.

대학에서도 그런 깊고 살가운 마음으로 제자들을 길러 냈을 내 친구 유민희, 나는 오늘 그 생각에 또 행복하다.

친구

여고 시절, 인생을 함께 논하던 친구가 가을과 함께 내게 왔다. 온통 가을빛 옷으로 치장한 그녀의 모습은 부를 상징하는 유명 브랜드로 짙게 물들어 있다.

신영아! 하고 부르는 목소리도 변하지 않고 여고 시절 잘록한 허리도 그대로다. 은은한 향내를 풍기며 나를 감싸 안은 그녀의 품이 생각보다 포근하다. 밥을 먹고 차를 마시고 우리는 여고 시절로 스며든다.

여고 시절 우리는 주로 사랑에 관해 이야기하곤 했다. 그때 나는 빵이 중요하지 않았다. 차라리 가난이 예술이라고 생각했다. 젊음과 아름다운 풍경 그리고 이상만 있으면 가난은 별 문제가 될 것 같지 않았다.

부는 나의 이상과 꿈을 설득하지 못할 것 같았고 생활을 유지해 주는 경제력은 한가락의 음악보다 무가치하게 생각되었다.

총명하고 영악한 친구는 부의 힘을 일찍 깨달아 생의 영위와 목적이 경제에 있다는 것을 터득하였다. 그래서 그녀는 부를 택했고 나는 가난한 예술을 택했다. 그 친구는 내가 바보가 아닌가 하고 눈을 크게 뜨고 나를 바라보았다. 살면서 그 친구의 강렬한 눈빛과 '바보 천치'라는 또렷한 발음을 나는 기억한다.

그녀는 생각의 중심에 경제를 으뜸으로 두었고 삶의 철학을 지식과 언행에 두지 않고 자유로운 삶에 두었다. 살아가면서 그녀를 점점 이해하고 또 그 선택의 가치를 깨닫게 되었다. 이해와 가치뿐만 아니라 백번 옳았다는 생각과 아울러 선구자적인 존경심마저 일지만, 나는 지금도 그 친구를 조금도 부러워하지 않는다.

그 친구는 경제의 포만으로 영화를 누리지만 그녀

에게는 불행하게도 꿈과 이상으로 가슴을 뛰게 하는 아름다운 사랑이 없다.

그래서 친구의 배부름보다는 잠시의 공복이 더 쾌적한 낭만과 가치 있는 삶을 누린다고 지금도 나는 억지를 부린다.

사랑이란! 단념이고 상실이어서 모두 주어버렸을 때 더 풍부해 진다는 사실을 친구는 지금도 거부하고 있다. 그래서 나는 오늘도 친구가 원하는 배부른 빵을 결코 탐하지 않는다.

샘이 깊은 물

한세상을 살면서 오랫동안 함께할 수 있는 동무가 있다는 건 참 멋진 일이다. 계절이 바뀌어 세상이 연둣빛으로 물들 무렵 우리만 알고 있는 이야기로 웃는다는 건 얼마나 로맨틱한 일인가.

바이올린의 음률에 몸이 갈대처럼 흔들리는 동무들을 내 가까이서 볼 수 있는 이 호사를 어찌 감사하지 않을까.

겨울이 와도 얼지 않을 것 같은 따뜻한 마음, 세상이 내게 등을 돌린다 해도 늘 내 편이 되어 용기와 희망으로 나를 위로해 줄 것 같은 넉넉한 손길, 힘들 때 기대도 의리를 지키며 어깨를 비켜서지 않을 것 같은 동무들과 오늘은 사랑스러운 공간에서 술잔을 든다.

마음을 주는 일은 내 공간을 내어주는 것일까.

그날 동무들이 마음에 꽉 차서 참 행복했다.

하이네캔 생맥주를 멈추지 않고 마신 까닭에 얼굴이 분홍빛으로 물들어 가는 동무들.

그중 기타 선생인 동무가 '동무 생각'을 연주하고 '꽃밭'을 연주하고, '과수원 길'을 연주하니 주변 손님들이 흥겨워 박수를 친다.

신이 난 동무는 '개똥벌레'를, '바위섬'을, '그대 그리고 나'를 연달아 기타 줄에 섞는다.

'샘이 깊은 물'에서 그날 우린 참 행복했다.

우리 셋이서

우리 셋, 꽃길로 나서면 꽃보다 예쁘려나

설레는 마음으로 봄을 찾아 나섰네

산은 봄 길 따라 초록으로 물들고 벚나무 속살 타고 흘러내리던 햇볕은

붉은 동백꽃으로 피어 환히 웃고 있네.

묵정밭에 달래랑 냉이랑 밭둑 머리에 머위 잎이랑

찔레넝쿨 사이로 고개를 내민 쑥까지 꽃으로 피어 우리를 반기네.

벚꽃이 피고 수선화가 피고 노오란 유채꽃 속에 우리도 함께 피니

세상은 온통 꽃밭이네.

꽃보다 예쁜 나의 사람들, 꽃보다 향기로운 나의

사람들
  보고 있어도 보고싶은 고운 사람들
  늘 그립고 고마운 사람들끼리 만나
  우리 그날
  꽃보다 고운 날
  청춘을 그리움을, 그리고 사랑을 추억으로 담아왔네.

꽃길

이제 추억이 되어버린 그날 꽃길을 걷던 날.

우리가 우리로 만나 달빛 고운 밤을 지나던 나른한 봄날. 가슴으로 정을 나누고 눈길로 우정의 깊이를 재던 그날이 어쩌자고 오늘은 사무치게 그리워지는가.

나는 사랑에 익숙지 못해 그날 꽃길을 걸으며 햇살 한줌에도 눈이 시리고 살랑 불어오는 바람이 볼에 가만 닿기만 해도 가슴이 아렸다.

참으로 아름답고 평화로운 양림동 뒷산의 꽃길. 내 사는 동안 이런 길이 내 앞에 놓여 있다는 것이 얼마나 눈물겹게 고마운 일인가.

바쁠 것 하나 없었다. 말이 필요 없었다.

해질녘 어디서 날아왔는지 참새 한마리가 내 앞에서 햇살 부스러기를 잘근잘근 씹으며 눈길을 내게 보내오는데, 그 속내를 어찌 알겠는가마는 혼자라서 외로워 보인 것은 순전히 내 생각이었다.

서리서리 감아둔 그리움 한 가닥을 들어 올려 헤집어보니 거기 동무들이 있었다. 그날 나는 동무들을 불렀다. 반가웠다. 그리고 그동안 잘 있었느냐 몸은 건강 하느냐 묻고 또 물었다.

돌담에 피어 빛나는 햇살 같이 풀 밑에 흐르는 시냇물 같이 우리는 살살거리며 웃았다.

서로 살아온 빛깔과 향에 취해 웃음이 절로 났고 방금 잡아 올린 물고기들처럼 파닥거렸다.

그 웃음소리 안주 삼아 와인 잔을 높이던 그날 밤 우리는 모처럼 붉었다.

그리고 달빛을 받으며 귀가를 서둘렀다.

꽃길을 걷던 봄날, 나는 그리고 우리는 참 행복했다.

신영생각

눈에 보인다고 머리에 담았더니 마음이 아프고
귀에 들린다고 가슴에 품었더니 생각이 깊어지네.
담아서 상처가 되는 것들은 흘러 보내기로 해놓고도
보고 들으면 버리지 못하고 또 주워 담네.
눈에 보인다고 눈을 감아버릴 수도
귀에 거슬린다고 귀를 막아버릴 수도 없는 노릇
좋은 것만 보고 좋은 말만 들을 수 있는 눈과 귀는
진정 없는 것일까.

눈꽃

서점엘 갔다가 함박눈을 만났습니다.

눈을 들어 하늘을 올려다보니 수많은 눈꽃송이들이 하염없이 지상을 향해 내려오고 있지 않겠습니까.

그 가벼운 몸들은 살포시 내 머리 위로 어깨 위로 내려 앉아 나를 하얗게 하얗게 덮어가기 시작했습니다.

"선생님! 눈꽃이십니다!"

잘 아는 기자양반이 길을 가다 멈춰 서서 허허 웃습니다.

"아! 그러네."

기념으로 차 한 잔 하자고 해서 그러자고 하며 김이 모락모락 나는 커피를 앞에 놓고 펑펑 쏟아지는 눈을 한참이나 바라보았습니다.

참 좋았습니다.

세월의 뒷모습

친구가 어제 잠시 얼굴 좀 보겠다고 다녀가면서 '넌 계절이 오고가는 줄도 모르고 사느냐'며 겨울이라고 합니다. 벌써 겨울? 그래서 오늘은 두꺼운 외투를 꺼내 입고 거리로 나가봤지요. 그래, 맞구나 겨울! 가을이 다 가고 겨울이 오도록 무엇에 헛눈을 팔고 살았길래 겨울이 오는 줄도 몰랐던가하며 허허 웃습니다. '겨울이라면서 이런 날은 눈이라도 내리야 하지 않을까 그러면 얼마나 좋을까' 하며 혼잣말을 했습니다. 유년시절 소복하게 쌓인 눈 위에 누워 분홍빛 꿈을 꾸던 생각, 동무들과 엉켜 뒹굴며 맑은 웃음을 허공에 뿌렸던 생각, 눈사람을 만들고 눈싸움을 하고 그리고 온 들녘을 휘젓고 다니며 그리도 좋아라 웃던 그런 날들이 이제사 소중하고 그립고 아름답게 느껴집니다. 겨울이라며, 이제는 좀 밖으로 나가 보라고 부추긴 친구 소영이 덕분에 모처럼 나와서 서점에 들려 책도 몇 권 고르고 혼자 가끔 다니던 카페에서 차도 마시고 그리고 시장에서 사람 사는 모습도 보고 듣고 하다가 이제사 집에 들어왔습니다.

2

나의 사랑이야기

남이섬

긴 세월 너를 그리다 봄이 왔고 뜨거운 열기로 대지를 달구던 여름이 지나갔지. 그러다 가을이 올 즈음 난 너의 붉은 몸을 떠올려 보았어.

그렇게 너를 향한 그리움이 깊어가던 어느 가을 끝자락에 너의 몸을 가슴에 안으며 나의 사랑은 시작되었지.

너를 처음 만나던 날, 너를 비추는 노을이, 아직 지지 않은 꽃들이 너를 감싸 안은 푸른 바다가 나를 맞았어.

그날 밤 너는 나를 위해 하늘에 초승달을 띄우고 단풍나무들을 앞세워 가지런히 정리된 꽃길을 마련했어.

사브작 사브작 낙엽을 밟으며 난 너와 그동안 못

나눈 이야기들을 가슴으로 눈길로 나누며 그리움을 삭였지.

그렇게 우리 사랑은 깊어지고 넌 그 사랑에 이별이 숨겨져 있다는 사실을 모르고 있는 것 같았어.

그날 밤 나는 너의 포근한 품에서 곤히 자고 이른 새벽 너를 다시 찾았지. 단풍이 고운 길과 누군가가 사랑을 나누었던 은행나무 잎이 덮힌 길을 걸으며 난 너를 많이 사랑했었어. 그러다 문득 난 지나간 사랑이 떠올랐지. 그때도 난 너를 사랑하듯 태어나 단 한사람을 가슴에 품은 적이 있었지. 그 때 난 사랑에 이별이 숨겨진 줄 몰랐어. 많이 아팠지. 그런데 난 또 너를 가슴에 담고 있어. 곧 이별이 시작될텐데 말이야.

하지만 걱정마 눈이 내리고 꽃피는 봄이 오면 너를 다시 찾아올게.

그런 긴 이별은 이제 없을 거야 그러니 잘 있어 내 사랑 남이야.

처방전

사람에게 다친 마음 낫는 약이 없을까.

쓰리고 아픈 마음 감출길이 없구나.

험한 세상에 내놓으며 다칠까 깨질까 온 마음 다하여 염려하던 우리 엄마 약손이 닿으면 나을까.

목숨 걸고 사랑하는 사람의 부드러운 손길과 따뜻한 음성이 닿으면 나을까.

고운 아이의 티 없이 맑은 눈길과 고사리 손길이 닿으면 나을까.

하나의 나무가 백만개의 성냥개비를 남기지만 그 백만개의 나무를 단 하나의 성냥개비가 태우듯 무엇이 누가 이 다친 마음을 처방하여 낫게 하는 약이 될까.

아니다. 자식이 곧 목숨이었던 당신의 모든 것이 진심이었던 내 어머니의 그 고운 마음이 닿으면 그 고운 손길이 닿으면 낫지 않을까.

사랑하는 사람에게

한 걸음씩만 다가가겠습니다. 애써 서둘러 이르지 않겠습니다.

내 마음이 당신에게 잔잔한 물살이 되어 스며들 때마다 조금씩 나를 당신 마음에 들여 놓겠습니다.

이제야 하늘이 맑아 있음을 알았습니다.

세상이 온통 오색 빛 찬란한 광채를 드러내며 잠을 설쳐 나를 반기는 눈부심이 되어 있음을 알았습니다.

그래서 언제부터인지 하늘을 올려다보는 버릇이 생겼습니다.

눈을 지그시 감고 당신을 그려보고는 나도 모르게

입가에 미소를 머금은 사람이 되었습니다.

당신은 어느 겨울 앙상한 가지를 드러내고 봄날이 오기를 기다리는 남루한 모습이어도 괜찮습니다. 날마다 해맑은 얼굴 드러내어 나를 반겨주지 않아도 괜찮습니다.

그렇게 내 가슴에 살아있어 하늘이 되고 바다가 되어 때론 녹음 우거진 숲으로 살다가 시린 겨울이면 첫눈처럼 펑펑 쏟아져 내 가슴에 그리움으로 스며든다면 나는 마냥 당신이 있어 행복할 것입니다.

그리움으로 내게 와 사랑이 된 당신을 위해!

그동안 잠들었던 나의 심장을 깨워 단단한 심지 하나 심어 강한 촛불처럼 활활 타게 할 것입니다.

이렇게 숨 쉬는 순간 살아있는 이 순간을 위해 오늘, 당신과 함께 나는 아름다운 꿈의 정원에 이 고운 인생을 심습니다. 붉은 사랑을 심습니다.

와인에게

검붉은 액체로 내게 온 너는 찢기고 상한 내 영혼에 스며 밤새 시간을 아끼지 않더니 기어코 날을 밝히는구나.

너는 한 생을 물감에 속아 자신을 내던진 어느 화가의 손에 익어 가장 어여쁜 사랑으로 내게 와 주었다.

그런 너의 몸을 탐내던 나는 온몸에 고였던 아픔을 붉은 너의 피에 섞어 흘러 보내고 이제 가벼운 몸이 되었다.

그 사랑과 향기로 인해 나는 밤새 신열을 앓듯 너만을 위해 잠을 아꼈다.

너를 만나 너를 품고 너를 내 안에 들여 놓을 때가

나는 가장 행복하다.

밤이 깊어 갈수록 나는 너에게 집착하고 너는 나를 놓아주지 않았어.

그런 너를 나는 결코 잊지 못하여 몸이 상하고 생각이 다쳐도 너를 배신한 적은 없었어. 물론 너도 마찬가지였지.

그러던 어느 날 너를 더 오래 만날 수 있는 방법을 생각해 봤어.

그것은 견우와 직녀가 그리다 만나는 것처럼 우리도 그리 만나야 산다고.

그렇게 시간이 한참 지나고 너를 그리는 마음이 웃자라 못견디게 보고프면 한 여름 세상을 뒤엎는 소낙비가 창문을 강타해도, 겨울바람이 사납게 불어 나를 온전히 방안에 가둔다 해도 너를 만나기 위해 나는 기꺼이 험한 길을 나설 것이다.

이별도 인연이다

이별도 인연이다. 어찌 이별 없는 만남이 있으랴.

이별하고 만나고, 만나고 이별하는 것이 우리의 인생이다.

이별 후에 오는 그리움이사 어찌 할 수 없다고 치자. 이별 후에도 그리움이 오는 것은 아직도 그를 잊지 못하고 있다는 증거다. 달콤했던 순간들만 어찌 인연이라 말하리, 눈부신 기억들만 어찌 추억이라 말하리. 내게 인연은 아파했던 기억까지도 소중한 인연이다. 지우지 못한 아릿한 추억과 그리움으로 애태워야 할 날들까지도 내게는 지독한 그리움이며 이별 후에 오는 또 하나의 인연이다.

그리운 아버지

늘 환히 웃으며 '난 신영이 네가 내 딸이여서 참 좋다'던 아버지 산소에 다녀왔다.

대학 1학년 때였다. 친구와 식사를 하는 중이었는데, 마침 아버지께서 나를 보러 오셨다.

말수가 적으신 아버지께서는, 식사가 끝날 때까지 줄곧 우리가 나누는 이야기를 조용히 듣고 계셨다.

그리고 집으로 돌아오는 길에 아버지는 말씀하셨다.

"이 친구와는 깊이 어울리지 않는 것이 좋겠구나!"

나는 깜짝 놀랐다.

이 친구와는 몇 번 만난 적이 있는데, 인상이 썩 괜

찮은 친구였기 때문이다.

아버지께서 말씀하셨다.

"먹는 모습을 보면, 그 사람이 어떤 사람인지를 대개는 알 수 있단다!

아까 그 친구는 음식을 집을 때, 습관적으로 접시 아래쪽에 있는 음식을 젓가락으로 위로 끄집어 올려 툭툭 털고 나서야 집어 올리더구나!

입에 맞는 음식은 특히 여러 번 뒤적거리더라고! 젓가락이 무슨 뒤집개라도 되는 것처럼 아주 접시 전체를 새로 뒤집어 놓더구나!"

나는 선뜻 수긍하지 못했다.

"사람마다 다 습관이 있잖아요! 어떤 사람은 꼭꼭 씹어서 천천히 먹고, 어떤 사람은 우적우적 빠르게 집어삼키고 하는 법이니, 너무 까다롭게 볼 필요는 없지 않겠습니까?"

아버지께서는 고개를 저으셨다.

"형편이 어려운 사람이 갑자기 산해진미를 눈앞에 뒀다고 한다면야 모습이 보기 나빠도 이해할만 하지만, 그 친구는 형편이 곤란하지도 않은 것 같은데, 먹는 모습이 그렇다는 건, 그 친구가 이기적이고 편협한 사람이라는 증거야! 음식 앞에서 이처럼 다른 사람들의 기분은 전혀 고려하지 않고, 젓가락을 접시 안으로 넣어 뒤적거리는 사람이라면, 앞에 둔 것이 이익에 관계된 유혹일 때는 수단과 방법을 가리지 않고 자기 것으로 만들 테지!"

아버지는 당신께서 소년시절 이야기를 들려주셨다.

"돌아가신 너희 할아버지께서 내게 늘 하셨던 말이다. '아들아! 식사할 때는 먹는 모습을 꼭 신경 쓰도록 해라! 맛있고 귀한 음식일수록 서로 나누어 먹어야 하며 음식 앞에서도 예의를 갖추는 버릇을 놓치지 말아라.' 말하셨다."

할아버지의 말씀을 명심한 아버지는 한 상 가득히 놓인 맛있는 음식 앞에서도 추태를 보이지 않고, 절제된 모습을 보일 수 있었다고 했다.

"젓가락 한 쌍이라고 우습게 보아서는 안 된다. 사

소한 부분에서 그 젓가락을 든 사람의 수양과 인품이 보이기 때문이야!"

과연, 그 후 친구와의 사이에서 일어난 일은 아버지의 말씀이 옮음을 증명했다. 그 친구는 사소한 이익 때문에 의리를 저버리고 내 곁을 떠나갔다.

이 일 이후로 나는 아버지의 말씀을 깊이 새겨오고 있다.

우리 인생에는 유혹이 수없이 많지만, 항상 욕망을 절제해야 한다고 말씀하셨던 아버지. 좋은 물건일수록 다른 사람들과 나누어야지, 혼자 독차지해서는 안 된다던 아버지. 시집가서 아이들의 엄마가 되고 어른이 된 나를 '신영아! 아가!' 하고 부르시던 아버지. 무덤에 쌓인 눈을 맨손으로 쓸어내리며 아버지! 당신이 그리도 아끼던 딸 신영이 왔습니다, 하는데 눈에서 뜨거운 눈물이 주르르 흘러내린다.

아버지 떠난 4년 내내 보고 싶어 가끔 여길 와서 아버지를 부르고 또 불렀는데 무심한 아버지는 대답도 없으시다.

뒤를 돌아보고 또 돌아보며 아버지 곁을 떠나오는데 왜 그리 마음이 허전했을까. 오늘따라 아버지가 많이 그립다. '신영아! 아가!' 하고 부르는 소리 단 한번만이라도 다시 들을 수는 없는 것일까.

늘 그리워지는 한 사람

지금쯤 가물가물 잊혀질만도 한데 늘 그리워지는 사람이 있습니다.

물안개 피는 호수만 바라보아도 도랑에 파랗게 올라오는 푸른 미나리만 보아도 늘 그리워지는 사람이 있습니다.

식탁에 쑥국 끓여 봄맛으로 먹을 때도 아이랑 소곤소곤 봄 이야기 할 때도 늘 그리워지는 사람이 있습니다.

이맘때쯤 홍매화 피는 언덕에서 그리움을 삭힐 만도 한데 늘 마음으로만 그렇게 그리워지는 사람이 있습니다.

잘게 부서져 낮게 깔리는 음악의 선율처럼 마음이

흔들리고 깊어져 꼭 한 사람. 오늘도 나는 그 사람이 그리워집니다.

나의 꿈이었던 나의 사랑이었던 나의 버팀목이었던 나의 아버지.

아버지 산소에서

잔디를 덮고 누우신 아버지, 딸이 안고 간 꽃다발 받으시며 잘 지내느냐 하신다. 아버지 하고 부르는데 뒷말을 채 잇기도 전에 눈물이 먼저 앞선다.

아직도 자식 걱정이 먼저이신 당신은 무덤의 무게를 뚫고 그 다정하고 따뜻한 온기로 자식의 마음을 보듬는다.

아버지, 차마 소리되어 입 밖으로 나오지 못한 젖은 목소리는 눈물방울로 잔디를 파고든다.

아가, 신영아! 잔디위에 떨어진 눈물이 아버지 목소리로 울린다.

잘 살지야! 네 아버지, 생전처럼 환희 웃으시며 그래, 그래야지. 아버지의 목소리가 꿈속처럼 귀에 닿는다.

살아생전 와인을 마시며 나눴던 이야기들이 붉은 잔에 담겨 꽃보다 곱게 피어난다.

신영이 네가 내 딸이여서 난 참 행복했단다 하시던 아버지.

당신이 내 아버지여서 내 버팀목이어서 내 든든한 아군이어서 난 얼마나 행복했는지 모릅니다 아버지.

새파란 잔디위에 붉은 와인을 나눠 부으며 난 "아버지 건배" 한다.

그리움

며칠 전 국악 하는 후배 집에 초대받아 갔더니 몇 명의 지인들이 먼저 와 기다리고 있었네.

환희 웃고 달려드는 그 어여쁜 모습을 보니 달빛에 흔들리는 댓잎처럼 내 몸에서 푸른 싹이 살랑 사랑 올라오는 듯 생기가 돌았네.

꼭 안아 다독여주고 앞이 환히 열리는 호숫가에서 구름발치 머언 산등성을 겨냥하여 깨금발로 사진 몇 컷을 찍었네.

공간과 여백이 많은 호수를 보니 막혔던 가슴이 확 트이네.

사람도 꽉 찬 사람보다는 조금 비어 있는 사람이

좋다더니 호수를 보니 그 본질을 알듯 하네.

그날만은 그 곳에서 만은 연꽃처럼 풍란처럼 멀리 갈수록 맑아지는 향기나 머금으려 했더니 어인 일이냐 내 가슴아!

비온 뒤 산허리 휘감은 안개 속이라니 적요의 강을 치솟아 오르는 새파란 그리움이 초저녁 그 쌀쌀함을 제치고 온 몸을 적셔오네.

사랑하는 이여! 사랑하는 이여! 저 새파란 그리움이여. 나는 사진 한 컷에 마음을 담아 하늘로 전송했네.

바람은 덩달아 쓸쓸한 듯 내 차가운 볼을 비비다 사라지고 빨리 들어오라고 손짓하는 주인의 성화에 잔걸음 쳐 안으로 스며들었네.

잘 차려진 밥상에 빙 둘러 앉아 옛 이야기로 꽃물 드는데 어이하여 나는 가슴이 먹먹해지는가. 잔을 부딪치고 정을 나누며 웃음꽃이 피는데 어쩌자고 자꾸 마음이 허해지는지.

주변이 적막해지고 달빛이 연한 빛을 토할 즈음 몸을 빼내어 어스름이 깔린 마당으로 나오는데 하늘하늘 날리는 낙엽들이 복분자 몇 잔에 마음이 녹녹해진 내 뒤를 슬슬 따라 나오네.

문득 아버지란 단어만 떠 올려도 눈물부터 핑 도니 어인 일이냐.

보이는 것마다 생각하는 것마다 왜 이리도 유정해지느냐.

몹쓸 눈물이 어쩌자고 뽀르르 앞을 서는 것이냐.

사랑아! 내 사랑아 지금 나는 견디고 있는 중이다.

안에서 가슴을 가르는 소리가 호수를 뒤 흔든다.

저 소리 하나가 천둥이고 저 소리 하나가 바람이고 저 소리 하나가 피멍든 울음이고 저 소리 하나가 굽이굽이 천리를 흐르는 수심 깊은 강물이다.

오호라 저 소리 하나가 사랑이로구나.

호르는 눈물타고 둥둥 떠오르는 나를 하늘은 푸른 손으로 지그시 누르며 가만가만 등을 다독이네. 아버지 잘 계시니 울지마라 하네.

영원한 사랑

어린 날 어머니의 품속은 늘 포근하고 아늑했다.

아무리 지치고 힘들어도 그 안에 내가 숨어들면 어머니는 그렇게도 곱게 나를 안으셨을까. 친구와 싸우고 화가 나서 울며 달려들던 그 꿈속 같은 품속은 마냥 안겨 쉬어도 좋았고 맘 놓고 졸리어도 좋았다.

지금은 내 아이들이 내 품속으로 뛰어들어 그렇게 안기고 응석부리다 투정하다 곤한 잠을 청한다. 나는 어머니가 그랬듯이 내 아이의 등을 가볍게 도닥여주고 앞섶에 늘어진 머리카락을 살며시 쓸어올린다. 세상에 어머니 품속같이 부드럽고 안전한 평안을 누릴 수 있는 곳이 어디에 있을까. 내 어머니가 그랬듯이 나도 내 아이에게 완전하고 평안한 쉼터가 되어 오늘도 아이를 품에 꼭 안아본다.

그 속에서 교차하는 애틋하고 아늑한 사랑의 전율, 그 누가 자식과 어미의 그 따뜻하고 고운 관계를 시기하고 질투하겠는가.

오래 보아도 질리지 않고 오래 있어도 물리지 않고 오래 함께하고픈 그 간절한 관계, 그것은 신이 우리에게 주신 영원한 사랑이다.

어머니의 단상

내 거친 손등을 어루만지며 안쓰러워하던 당신의 따뜻한 눈길을 제가 가져 가겠습니다. 너를 만나 행복하다며 소리 없이 웃어주시던 당신의 밝은 미소도 제가 가져가겠습니다. 지루했던 불면의 날들을 편안하게 잠재워 주었던 당신의 낮은 목소리도 제가 가져가겠습니다.

가끔 내게 편안한 안식이 되어주던 당신의 따뜻하고 포근한 가슴도 이제 제가 가져가겠습니다.

어둡고 쓸쓸하게 마디마디 새겨진 내 기억 속에 작은 흔적까지도 기꺼이 다 안아주었던 그 너른 품도 제가 가져가겠습니다.

그 다음엔 이 세상에 당신이 아파해야 할 고통과

당신이 울어야 할 눈물이 아직 남아 있다면 그건 제가 모두 다 가져가겠습니다.

지금껏 당신의 사랑은 어둠을 밝히는 등불이었고 차가운 현실을 녹이는 따뜻한 온기였습니다. 내게 참 좋은 당신 내 목숨 같은 나의 어머니.

이제 당신이 소원하고도 이루지 못한 꿈들도 제가 다 가져가겠습니다.

어머니의 술상

어젯밤 모처럼 어머니와 술상을 마주했다.

상위에 어머니가 좋아하는 천억 마리 효소 막걸리 한 병.

내가 좋아하는 와인 한 병.

거기에 어머니가 좋아하는 나물 몇 가지와 낙지 탕탕이 한 접시.

내가 좋아하는 샐러드와 새우깡 한 봉지.

막걸리 두 잔에 어머니의 얼굴이 환해진다.

와인 두 잔이 온 몸으로 스며들며 나 또한 기분이 좋아진다.

어머니 그리 좋으세요.

오냐 내 새끼와 술 한잔 마시는 이 시간이 난 참

행복하다.

내 어릴적에 본 어머니의 고운 모습은 어디로 다 달아나고 백발노인이 내 앞에 앉아 계실까.

청춘의 달콤했던 꿈들을 모두 접고 오남매 고단하게 키워 내시고도 후회한 점 없다시는 어머니.

사는 것은 맹물로 허공에 그린 그림 같다며 인생 아무것도 아니니 너는 제미지게 살아야 한다며 어머니는 막걸리 잔을 들고 환희 웃으신다.

그래 저리 웃고 살아야지. 딸과 술 한 잔 하는 시간이 최고로 행복하다는 어머니처럼 활짝 웃고 살아야지.

내가 가꾼적 없어도 나를 보며 환희 웃어주던 어느 화백 마당에 피어있는 풀꽃처럼 그리 웃고 살아야지.

어머니! 저 갑니다.

집으로 오는데 모처럼 마신 와인이 걸음마다 매달린다.

내게 한 사람이 왔다

내게 한 사람이 왔다.

사는 동안 하늘만 바라보던 내게 은하수 노둣돌을 건너 청보리 밭 푸른빛으로 왔다.

가슴에 담고 또 담아도 무겁지 않은 사랑으로 왔다.

속살속살 흔들리며 내 첫사랑 같이 왔다.

사철 꼭 다문 입술을 열고 다디단 미소를 머금고 사분사분 내 가슴을 파고들며 왔다.

사랑해, 사랑해, 주고받은 그 간절한 언어들이 자라 얼굴에는 꽃이 피고 몸에서는 향기가 났다.

아이야, 내 사랑아!

아무하고도 말 할 수 없는 이 고운 언어들이 자라 너를 살찌우고 여물게 하여 내 삶의 한 자락을 빛나게 하는구나.

추락하던 내게 날개를 다는구나.

너와 나의 만남은 그 무엇과도 바꿀 수 없는 소중한 행복이다.

너무나 좋은 너

너무나 사랑스러운 너

너무나 멋진 너

너와 생각을 함께하는 나는 오늘도 넘치도록 행복하다.

나의 귀여운 천사!

내 사랑 서율이.

너를 안고 오던 날

너를 안고 집으로 돌아오는 길.

세상이 그렇게 아름다울 수가 없었다.

두 눈을 살포시 감은 채 깊은 잠에 빠져있는 너는

내가 사는 세상이 얼마나 어지러운지,

얼마나 시끄러운지,

얼마나 형편없는지,

정말 아무것도 모르는 채 그렇게 자고 있었지,

그저 눈빛 하나로 서로를 알아가는 그 소중한 시간들.

너는 세상을 조금씩 접하며 가끔은 눈이 휘둥그레지고 가끔은 좋아라 웃고, 그러면서 세상에 조금씩 스며들었지.

아빠가 보이고 엄마가 보이고 오빠가 보일 즈음
할머니까지 인식하며 너는 말을 하기 시작했어.
하율아! 하고 부르면 고개를 돌려 쳐다보며 웃고
하율아! 하고 부르면 그 작은 입술로 응 하고 대답하며 웃었지.
그런 네가 자라 오빠를 따라 어린이집을 다니고
엄마 손을 꼭 잡고 산책을 따라 나서고
아빠와 소꿉놀이로 시간가는 줄 모르더니
올해는 유치원을 간다니 세월 참 빠르구나.

아름다운 꽃길

나의 삶에서 너를 만나러 가는 길은 행복하다.
내 가슴에 새겨진 너의 흔적들은
이 세상에서 내가 지울 수 없는 가장 아름다운 기록이다.
내가 가는 길은 언제나 너를 만나러 가는 길이다.
그리움으로 수놓는 길
내 마지막 숨을 몰아 쉴 때도
내가 사랑해야 할 길이다.
이 지상에 사는 동안 너를 만나러 가는 길
늘 가슴 설레는 이 길은
네가 엄마 손 꼭 잡고 마중 나오는 길
오늘도 고운 너를 만나러 가는 아름다운 꽃길이다.

사랑은 끝이 없다

사랑에 끝이 있었다면 내 영혼은 아마 멈추었을 것이다. 사랑에 끝이 있었다면 오늘, 네가 내 가슴에 꽃불로 타겠는가. 사랑에 끝이 있었다면 어떻게 네 이름만 떠올려도 죽음을 면할 수 있었겠는가.

그 시린 날 한밤중에 하얗게 쓰러진 나의 영혼을 어루만지던 너의 작은 음성 그 음성에 묻어 건너온 너의 훈김, 너의 체온이 이렇게 생명을 이어주는데 어떻게 사랑에 끝이 있다 하겠는가.

하루하루 내 가슴에 생명으로 스며든 눈부신 너의 영혼이 파도처럼 일렁이는데 꽃처럼 피어나는데 불처럼 타오르는데 어떻게 사랑에 끝이 있을 것인가.

사랑은 늘 처음처럼 언제나 시작만 있고 언제나

분홍빛이고 언제나 두근거리며 언제나 그리움이 간절한데 어찌 사랑에 끝이 있겠는가.

아프고 고독해서 아름다운 그래서 더 서러운 그래서 더 기다려지는 그래서 더 살아지는데 어떻게 사랑에 끝이 있겠는가.

사랑은 풀 위에 맺혀있는 이슬보다 눈썹에 아롱지는 눈물보다 더 위험한 수위를 넘나들며 절대고독과 절대 환희와 절대생명으로 나를 꾸리는데 어떻게 사랑에 끝이 있겠는가.

사랑에 끝이 있었다면 내 꿈도 내 삶도 내 생명도 끝에 다달아 내가 없고 너도 없고 우리가 없을 것인데 사랑이 너와나 그리고 우리를 이어주는 생명체인데 어떻게 사랑에 끝이 있겠는가.

너의 이름만 불러도 행복한 나, 나를 살 수 있게 한 너, 지금도 나의 삶의 의미가 되어주는 사랑하는 나의 서율, 그리고 나의 하율.

떡국

떡국이 먹고 싶다는 아들 때문에 눈보라 속을 뚫고 떡집을 찾아가 떡국 떡을 사고 시장에 가서 굴을 샀다.

자식이 무엇인지 자식 입에 넣고 싶어 무섭게 휘몰아치는 눈보라를 다 몸으로 떠안고 손도 발도 시려운 줄 모른다. 오로지 녀석에게 떡국을 먹이기 위한 일념으로 봉지봉지 움켜쥐고 들어와 떡국을 끓여 그 위에 고명을 예쁘게 얹어 아들 앞에 내놓는다.

시원한 물김치에 몇 가지 나물을 곁들여 식탁에 빙 둘러앉았다. 눈 오는 창가를 내다보며 녀석이 호호 불어가며 떡국을 맛있게 먹는 것만 봐도 어미는 가슴 벅차도록 행복하다.

아들의 공간

어쩌다 아들의 페이스북 공간에 들어가게 되었습니다. 거기에 제 사진이 올려 있었고 그 사진 아래 이런 글이 숨어있었습니다. 옛날 생각이 나서 눈물이 왈칵 솟았습니다. 녀석의 마음이 거기 있었습니다.

"어려서 봤던 어머니는 밤늦게까지 책을 손에 놓지 않으셨다. 수만 장의 원고를 자필로 쓰며 보낸 시간들은 어머니의 꿈을 이루어 내셨고, 그리고 지금은 글을 가르치는 선생님이 되셨다. 집안이 어려울 때는 논술강사로 또는 논술과외로 하루에 3시간씩 잠을 자고 늦은 밤까지 원고를 쓰며 그 와중에도 자식들만은 모자람이 없도록 키우셨다. 고된 작업에도 결코 내색하지 않으며 힘이 들수록 더 강해지셨다. '나를 죽일 수 없는 고통은 나를 강하게 만든다'는 말처럼 그렇게 어머니는 열정으로 지금의 당당함을 이뤄내셨다. 어려울 때일수록 더 밝게 웃고 긍정적인 말로 늘 우리를 지켜주신 어머니는 구김 없이 우리를 키워 주셨으며, 늘 사랑과 정성으로 보살펴 주셨다. 결코 다른 이를 해하거나 흠잡지 않으셨고 집안에서는 늘 사랑과 생명의 단어를 우리에게 들려주셨다. 어머니가 늘 말씀하는 것은 좋은 일 좋은 말 한마디는 파장이 되어 언젠가 반드시 되돌아온다고 하셨다. 어머니 당신이 화를 내지 않기에 저 또한 성내지 않겠습니다. 당신이 사랑을 베풀기에 저도 사랑하겠습니다. 당신의 무조건적인 사랑에 저 또한 조건 달지 않겠습니다. 사랑합니다. 어머니!" 라고 적혀 있었다.

행복이 번지는 세상

좁다란 골목길에서 차가 마주쳤습니다. 누가 먼저랄 것도 없이 서로 후진을 하다가 마주보며 웃습니다. 정원 초과로 승강기 문이 닫히질 않습니다. 앞줄에 서있던 한 사람이 머리를 긁적거리며 말없이 내립니다. 그래도 문이 닫히질 않습니다. 그 다음 앞줄에 서 있던 할아버지가 몸을 돌려 내리려 합니다. 그러자 할아버지 대신 가운데 있던 젊은이가 재빠르게 몸을 빼더니 할아버지를 안으로 모시며 방긋 웃고 내립니다. 드디어 문이 스르르 닫힙니다. 모든 사람들이 말을 하지 않았지만 가슴이 흐뭇해졌습니다. 길거리 좌판에 광주리를 든 할머니와 젊은 새댁이 실랑이를 벌입니다.

“덤으로 주는 거니까 이거 더 가져가슈.”

“할머니 괜찮아요. 제가 조금 덜 먹으면 되니까 놔두고 파세요.”

지나가던 행인들의 입가에 밝은 미소가 번집니다. 꽃이 아름다울 수 있는 건 꽃을 받쳐주고 있는 푸른 잎이 있기 때문이지요. 밤 하늘에 별이 더 아름답게 빛날 수 있는 건 하늘이 어둠을 마다하지 않고 저만치 물러서 있기 때문입니다. 행복은 이처럼 비우고 낮아질 때 가까이 다가오며 내가 아니라 상대를 위해 배려하는 따뜻함이 있을 때 고요하고 아름답게 번져간다는 것을 오늘도 가슴에 담습니다.

사랑은 계산이 아니다

차가운 강물 속에 두 딸이 빠지자 곁에 있던 어머니는 물속에 뛰어 들어가 아이들을 위로 밀어 올렸다. 그리고 탈진 끝에 물에 가라앉았다.

다른 이들은 자신이 뛰어들면 저 사람을 건질 수 있을지, 또는 자신이 죽을지도 모른다는 생각을 하며 계산을 하지만 부모는 계산을 하지 않는다.

사랑은 계산이 아니다.

인공호흡이 처음 생겨난 것은 과학자에 의해서도, 의사에 의해서도 아니다. 바로 한 어머니로부터 생겨난 것이다.

물에 빠진 아이를 간신히 건져냈는데 숨을 쉬지 않고 축 늘어져 있자 어머니가 아이를 살리고 싶은 간절한 마음에 아이의 입에 숨을 불어 넣었다. 그러자 아이가 물을 토하며 의식을 찾았다. 인공호흡은 그렇게 사랑에 의해서 만들어진 것이다.

어머니의 간절한 염원에서 비롯된 것이다. 사랑은 계산이 아니다.

진정한 사랑에는 희생이 자연스럽게 동행한다.

마찬가지로 남녀의 사랑이나 친구와의 사랑도 계산이 포함되면 안 되는 것이다.

진정한 사랑은 아무것도 바라지 않는다.

아무것도 생각하지 않는다.

오직 상대에 대한 배려와 염려만 있어야 한다.

내가 너를 네가 나를 계산하는 건 이미 사랑이 아니다.

부모가 자식을 한없이 사랑하듯 물에 빠져 허우적거릴 때 잠시의 망설임도 없이 뛰어들어 건져내어 줄 그런 사랑이 진정한 사랑이다.

사랑은 말로만 하는 게 아니다. 사랑은 마음에서 저절로 우러난, 그래서 한 치의 계산도 포함되지 않고 그저 퍼내도 줄지 않는 한없이 주고만 싶은 것이 진정한 사랑이다.

그래서 사랑은 계산이 아니다.

생각할수록 좋아지는 사람

내가 좋아하는 사람은 오늘도 살아있음을 감사하게 생각하는 사람이다. 언제나 마음이 따스하여 내가 힘들 때 기대도 편안한 사람, 만날 때마다 먼저 즐거운 인사를 하는 사람, 조그마한 호의에도 고맙다는 말을 할 줄 아는 사람이다.

잘못한 걸 알면 잘못을 솔직히 인정하는 사람, 자기보다 못한 사람 앞에서도 목에 힘주지 않는 사람, 때로는 손해를 보고도 생색내거나 소문내지 않는 사람이다.

늙어도 나이 들어가는 모습이 깨끗한 사람, 값비싼 옷을 입지 않아도 늘 단정한 사람, 어느 자리에서나 맡은 일에 열중하는 사람, 자신이 한 말에 책임을 질

줄 아는 사람이다.

한 포기의 들풀과 한 송이의 야생화도 소중히 여기는 마음이 고운 사람,

차를 운전하고 가면서 먼저 양보할 줄 알고 상대에게 양보 받았을 때 손을 흔들어 주는 사람,

음식점에서 내 돈 주고 사 먹지만 종업원에게 잘 먹었다고 고맙다고 인사하는 사람,

난 그런 사람을 정말 좋아한다.

내가 너를 사랑하는 이유는 없다

내가 너를 사랑하는 이유는 없다.

우리가 만나 사는 동안 난 많은 생각을 했었다.

이별이 급속도로 다가올지도 모른다고,

내 인내를 시험하며 긴 시간을 어둑한 안개의 침묵에 가두고 너를 온전히 내 안에 담으려 애썼다.

내 비워둔 여백을 너만으로 채우려 사위에 정적이 몰려오는 밤이면 난 너의 손짓과 몸짓, 그리고 너의 언어를 오롯이 보듬었다.

그 후 나는

너의 방황을 지켜보면서도 흔들리지 않고 흐트러지지 않게 너만을 기억하려 애를 썼다.

그러나 어느 날 네가 나를 떠난다 해도 내가 너를

가슴에 품는 이유는 훗날 너를 선택한 나를 원망하지 않기 위해서였다.

그래도 이유를 묻는다면 나는 말을 아낄 것이다. 말로써 다 하는 사랑이었다면 나는 너만을 사랑하지 않았을 것이기 때문이다.

사랑한다는 것은

사랑한다는 것은 내 모든 것을 내어주는 일이다.
너는 내가 되고 나는 네가 되는 일이다.
사랑한다는 것은 나를 온전히 너에게 주는 일이다.

사랑한다는 것은 너를 먼저 헤아려 주고 배려하는 일이다.
너의 외롭고 소외된 마음을 보듬는 일이다.
뜨거운 여름날의 지친 몸을 시원한 그늘에 식히는 일이며 추운 겨울날 꽁꽁 언 몸을 뜨거운 가슴으로 데우는 일이다.

사랑한다는 것은 서로 감싸주며 이해하는 일이다.

보여지는 아름다움보다 보이지 않는 아름다움에 손 내미는 일이며 작은 바람에도 흔들리지 않고 진실의 손을 놓지 않은 일이다.

사랑한다는 것은 나를 너에게 옮기는 일이며 퍼내고 퍼내도 줄지 않은 샘물 같은 마음을 너에게 주는 일이다.

사랑한다는 것은 너와 나의 마음을 무게로 달지 않는 일이며 나는 너를 너는 나를 온전히 소유하는 일이다.

3

삶의 색깔

그날

우주가 마련한 세상 참으로 아름다웠다.

그 백설의 세상을 아무 대가 없이 걷는다는 게 고마웠고, 모처럼 깨끗한 세상이 내 앞에 놓여있다는 게 행복했으며 나의 앞날을 축복해 주는 눈꽃들의 환영이 아름다웠다.

얼마 만이었을까.

선물처럼 내 곁에 찾아온 축제의 시간.

다 벗어버린 나무에 살포시 내려앉은 눈꽃의 품격

그 화려함이 아름다웠고,

눈꽃처럼 환희 웃는 시린 호수가 아름다웠으며,

그 곁에 노는 한 소녀의 설레임이 무엇보다 정겨웠다.

잊지 못할 추억이 되어버린 그날,
앞으로 내내 우려내도 아름답기만 할 것 같은 그날,
눈길을 하염없이 걸었던 그날이 너무나 그립다.

벚꽃에 취해

벚꽃이 눈에 아른거려 어젯밤 농촌진흥원 앞마당을 잠시 다녀왔습니다.

불빛에 비친 그 연한 꽃잎이 너무나 아름다워 볼을 부비며 도란거렸지요.

“기나긴 겨울을 어찌 견디고 이렇게 고운 모습으로 왔느냐.”고.

사진을 찍는 연인들 틈을 비집고 들어가 정신없이 저도 몇 컷 찍었지요.

꽃구경만 했겠어요?

주변에 갖가지 먹거리들, 여기저기 술잔을 부딪치며 닭 꼬치를 뜯는 사람들, 옥수수를 한입 베어 문 사람들.

나는 벚 꽃 속에 파묻혀서 더 아름다운 레스토랑 '테라스'로 옮겨 밖의 풍경에 취해 있었어요. 내가 즐겨 마시던 진토닉을 마시면서요.

밤에 보는 벚꽃! 참 아름답더군요.

사르르 사르르 바람에 휘날리는 그 눈발 같은 꽃잎이라니요.

넋을 잃고 한참을 그 풍경에 빠져있었어요.

올해는 벚꽃이 떨어지면서 파란 잎이 돋아난다고 하네요. 봄과 여름이 섞인 것이지요. 한참을 벚꽃 속에 빠져 넋을 잃고 있다가 집으로 돌아오는데 아쉬었는지 꽃송이가 자꾸 차 뒤를 따르지 뭡니까.

어깨너머

‘어깨너머’라는 말, 참 아름다운 말이다. 옛날 옆집 순덕이 아버지께서 어깨너머로 배운 글을 요긴하게 써먹는다고 늘 내게 자랑삼아 하던 말.

아무 힘 들이지 않고 공짜로 배웠다는 그 넉넉하고 순한 말,

그 누구도 시기하지 않고 그 누구도 미워하지 않는 아주 넓고 가벼운 말,

살짝 훔쳐보고 흉내 내어도 누구하나 탓하지 않은 부드러운 말,

봄날 양지에 앉아 따스한 햇볕을 받을 때처럼 그냥 가슴이 따뜻해지는 말,

유모차 앞세워 한발 한발 내 딛는 노인의 느린 걸

음 같이 속도를 내지 않은 말,
봄이 초록빛 타고 와 벚나무 어깨에 살포시 내려 앉아 웃는 말,
내 등을 내어 주고도 서로에게 금 긋지 않은 여유롭고 평화로운 말,
어깨너머라는 말 그저 천천히 다가가 천천히 익어가는 단내 나는 말이다

그냥

내가 제일 좋아하는 '그냥'이라는 말 어디에서 왔을까.

어느 날 우리 집 대문 앞에 가을국화가 한 아름 놓여있었다.

누가 가져다 놓았을까? 그냥 신문지에 둘둘 말아 말없이 가져다 놓은 산국화, 나는 소중하게 가슴에 안고와 꽃병 두 개에 나눠 꽂아 놓고 보고 또 본다. 늦은 오후 모임에 가고자 아파트 주차장에서 차를 빼려고 하는데 누군가 "괜찮아요? 국화꽃." 한다. 뒤를 돌아보니 18층에 사는 지인이다.

"너무 예뻐요. 향도 좋구요. 그런데 어찌 그리 예쁜 들국화를 그렇게 많이 가져다 놓으셨어요. 말도 없이.”

“그냥요. 선생님이 좋아하실 것 같아서요.”

‘그냥’이라는 말에 나는 가슴이 뭉클했다. 어디선가 많이 들어본 말이다.

그랬다. 젊은 날 어머니와 아버지께서 객지에 자식들 내 보내놓고 가끔 전화를 해 오며 하던 말이다. 철없던 학창시절 아버지와 어머니가 어렵게 전화를 하면 바쁘다고 용건만 간단히 말씀하시라고 하면 부모님은 ‘그냥’ 해 봤다. 라며 모처럼 걸었던 수화기를 놓으셨다. 그 땐 몰랐다. 결혼해 살면서 아이들에게 전화를 하면 아이들도 바쁘다고 용건만 간단하게 말하라고 했다. 그 때 알았다. 그냥이란 말은 그냥 해 본 말이 아니었다. 잘 있느냐, 밥은 먹었느냐. 어디 아픈데 없이 몸은 건강 하느냐. 보고 싶구나. 그런 말 외에도 수많은 말들이 담겨있었다. 그 간절하고 절절한 마음이 담겨있던 그냥이라는 말, 가슴이 타도록 그리운 그 말, 이제는 그 말이 어디에서 왔는지 무슨 뜻이 담겨 있는지 모를 까닭이 없다.

그러려니

오늘은 아무것도 하지 않고 그냥 누워서 쉬고 있습니다.

참 편안하고 좋습니다.

그러면서 가만 눈을 감고 생각을 모아보니 어떤 모임에서 나누었던 얘기가 불현듯 떠오릅니다.

눈이 아름다우려면 상대에게서 좋은 것만 보아야 하며 입이 아름다우려면 좋은 말만 해야 하고 몸이 아름다우려면 내가 먹는 것을 배고픈 사람과 나눠야 한다고 했던 노 시인이 생각납니다.

그런데 어느 날 노 시인이 자신의 제자를 철저하게 헐뜯고 비판하는 걸 보며 몹시 가슴이 아팠습니다.

조금만, 조금만 더 이해를 하면 아무 문제가 되지 않을 일인데 무에 그렇게 잘못되었다고 그렇게도 악담을 하시는지 이해가 되지 않았습니다.

세월이 깊어갈수록 후배들에게 존경받는 어른은 어떤 사람일까를 생각해 보았습니다. 어른들의 말을 빌리자면 나이가 들면 뒤로 한발 물러서서 그저, 그러려니 하면서 바라 볼 줄 알아야 한다는, 바로 그것이었습니다.

그러려니, 그러려니 참 이율배반적인 생각이 드는 말이지만 저도 동감입니다.

이 험난한 세상에서 살다보면 어찌 흠 없는 사람이 있겠습니까.

우리 인간의 속내를 훤하게 들려다 볼 수만 있다면 그야말로 난장판이 아니겠습니까.

보이는 것도 보이는 것이려니와 보이지 않은 것들이 더 많을 것인데 말입니다. 약간의 실수나 흠이 있다고 해서 굳이 그것을 공격하거나 흠잡을 필요는 없다고 봅니다.

성경에 '남의 눈에 티를 보기 전에 자신의 속내에 있는 들보를 보라'는 말이 있습니다. 상대의 흠이 눈에 들어오면 그 흠을 비판하기 전에 먼저 자신을 돌아다보면 더 큰 흠이 있으니 상대의 티는 흠도 아니라는 뜻이 아니겠습니까.

조금만 한발 뒤로 물러서면 더 멀리 뛸 수 있을 것인데 사람들은 어찌하여 한발 더 앞으로 내 딛으려고 그리 안간힘을 쓰는지 모르겠습니다. 그저 그러려니 하고 살면 되는 것을 말입니다.

나의 봄

서리진다고 봄이 오겠느냐. 매화가 몸을 풀고 남녘 바람이 삭풍을 몰아낸다 한들 한번 얼어붙은 가슴이 풀어지겠느냐. 새들이 목청을 높이고 나무의 연초록 물이 천지를 다 적신다 해도 돌처럼 굳어버린 마음, 어느 바람엔들 풀리겠느냐.

애쓰지 말거라. 마디마디 얼룩져 멍들어 버린 이 가슴 동짓달 입동이 지난다 한들 쉽게 풀리겠느냐. 서리서리 감아둔 상처가 병이되어 곪아있는데 한숨으로 토해낸다 한들 까만 밤을 하얗게 지새우던 날들이 그리 쉽게 밝아 오겠느냐.

욕망의 노예가 되어 흥청거리는 너를 보며 강보다 더 많은 눈물을 쏟아 냈는데 까만 밤을 하얗게 지새운 날들의 부피가 산더미처럼 쌓였는데 어찌 진실이 빠진 한 마디 말로 굳어버린 어혈이 풀리겠느냐.

물은 돌을 감싸 안고 강 되어 흐르는데 이제 누구를 붙잡고 봄을 노래할 것이더냐. 새소리 성급해 헐떡이는 이 추운 겨울 언덕에, 차마 죽지 못한 새순이 허리 세워 올라온다한들 가슴 깊이 숨겨 놓은 나의 아픈 언어들 물 되어 녹아 흐르겠느냐.

나의 봄은 아직도 꽃샘추위처럼 얼어붙어 단단한데, 매서운 칼바람이 사정없이 부는데 나를 겨냥했던 너의 몸짓 손짓 그리고 그 수많은 거짓 언어들을 어찌 봄 속에 넣어 꽃을 피우겠느냐.

신이 허락한 사계가 지구를 돌며 다 지나가도 몹쓸 너의 행위와 너의 입에서 뿜어낸 진실을 외면한 그 수많은 언어들을 용광로가 다 녹여버린다고 한들 어찌 그 추악한 흔적을 다 지우겠느냐.

그리하여 나의 봄은, 끝내 너를 위한 꽃은 피우지 않을 것이다.

봄 편지

생각납니다. 그리움이 움트던 어느 날이었습니다. 당신과 나는 호수 옆 벤치에 앉아 향 좋은 커피를 마셨습니다. 아니, 당신의 마음을 마셨던 것도 같습니다. 호수 같은 당신의 눈을 들여다보며 마음에서 사랑이 빠져나가는 걸 느꼈습니다.

아름다운 산수와 잘 어우러지는 당신의 해맑은 웃음과 세월에 걸러진 맑은 눈빛을 보며 그래 참 곱구나 했습니다.

그런데 그런데 그게 아니라는 걸 살아가면서 알았습니다. 그리고 우린 참 많이 멀어졌습니다. 그러다 아득한 시간을 건너는데 어느 날 당신은 내게 허공보다 많은 말들을 쏟아냅니다. 다 가슴에 품으며 혼자만 그냥 웃었습니다.

우린 그동안 깊어진 마음을 우려내지 못하고 애꿎은 솔숲 바람이나 삼켜 넣으며 그렇게 시간만 흘러보냈습니다. 그 날 이후 당신에게 가는 길은 참 멀고 험했습니다.

계절이 몇 번이나 바뀌고 무심한 시간이 흘러 이제 돌아올 만도 한데 당신! 참 몹쓸 사람입니다.

나에게 오는 길이 그렇게 힘이 드는 것인지요, 봄꽃이 피거든 우리 그날처럼 경치 좋은 곳에 앉아 향 좋은 차 한 잔에 당신이 껍질 벗겨준 찐 계란 한 입 베어 물고 옛 추억 쓰다듬으며 곱게 웃을 날 있을런지요.

아무렇게나 벗어버린 신발 바로 놓아 주며 아득한 우리의 보금자리 다시 채울 수 있을런지요.

어제보다 아름다운 날

어제는 망울만 맺혀 안타깝던 사랑이 아침이슬 한 방울로 저리도 활짝 웃고 있음은 오늘이 어제보다 더 아름다운 날인가 보다. 수많은 그리움들은 어제가 되고 눈가에 맺혔던 눈물방울도 꽃으로 피어나고 있는 걸 보면 분명 어제보다 오늘이 더 아름다운 날인가 보다.

사랑아! 그리운 마음을 꺼내 따스한 햇살을 묻혀 목련꽃 맑은 숨소리같이 후- 후- 불어 보자. 볕 좋은 일요일 아침, 밤새 안타까운 그리움이 사랑으로 여물어 한 방울의 아침 이슬로도 저리 고운 꽃을 피워 내는 걸 보니 오늘이 어제보다는 훨씬 더 아름다운 날인가 보다.

찹쌀떡 한 접시

쟁반 위에 놓인 찹쌀떡 한 접시, 곁들인 모과차 향이 내 목을 타고 내려가 나보다 먼저 너를 찾는다. 사 남매 굶기지 않으려 근심으로 토막잠 자고 새벽길 걸어 장보따리 풀어 봄나물 찹쌀떡 내놓고 앉아 후유-하던 숨찬 그 소리 가슴에 얼어붙는다. 가난이 죄가 되어 자식 밥그릇에 쌀밥 골라 얹으며 자신은 배를 움켜쥐었던 그 안쓰러움도 찹쌀떡 안에 고스란히 담겨있다. 오직 자식만을 위해서 온 정성을 다하더니 어느 날 갑자기 지친 몸 내려놓고 평안한 모습으로 떠나가던 친구야, 애지중지 품속에 안고만 살던 자식들과 몸이 성치 않은 남편을 세상에 남겨두고 가며 까맣게 타들던 가슴도 찹쌀떡 안에 찰진 하나의 그리움으로 남아있구나.

오늘은 네가 사무치게 보고 싶다. 어릴 적 봄날이면 너와 나는 냉이며, 미나리며, 쑥이며 그리고 진달래꽃도 꺾고 유채동도 꺾어 먹으며 자랐지. 그렇게 어린 시절을 너와 함께 보냈었는데 마음이 고운 너는 처녀가 되어 몸이 성치 않은 남편을 택해 고생을 절로 하더구나.

옆집에서 가져온 찹쌀떡 한 접시와 모과차를 쟁반에 올려놓고 바라보니 먹기도 전에 그 옛날이 서럽게 떠오르는구나. 이렇게 봄은 기어코 찾아오는데 어찌해서 너는 봄이 몇 번을 바뀌어도 오지 못하는 것이더냐.

모과차 은은한 향이 찹쌀떡 안으로 서서히 스며들면 나는 비로소 서러운 마음을 찹쌀떡에 담아 그리움을 삼킨다. 그래도 보고 싶다. 내 친구 윤서영.

나의 꽃

어제만 같은 지난해, 무상한 것이 어찌 세월 뿐이던가.

그리움의 끝은 시작에 맞물려 있고 가장 먼 곳은 가장 가까운 곳과 맞물려 있으리니 내 가장 먼 곳에 가장 가까이 네가 있구나.

네 가는 숨소리에도 내 심장이 흔들리는 것은 내 가장 먼 곳에 네가 있음이로다.

그립다. 세월의 틈새로 흐르는 애틋한 나의 사랑이여! 나의 정다운 꽃이여! 너와 나를 푸르게 했던 지난 봄날 우리는 사랑의 꿈을 꾸었지. 그리고 미래를 설계했었지.

어느 날 부드러운 볕과 함께 꽃잎 같은 아가의 입술로 방실 거리며 내게 초록으로 온 너는 말없이 나를 떠나더니 이제야 환한 얼굴로 내게로 왔구나.

이제 백치 같은 네 안에 둥지를 틀어 바람만 건듯 불어도 눈물이 떨어질 것 같은 오늘만은, 오늘만은 혼절한 그리움을 깨워 너를 사랑하리라.

이제 나는, 쉽게 감동하는 인간의 눈으로 세상을 바라보며 너만을 위해 사랑의 글을 지으리. 그리움의 글을 지으리.

너는 너의 몸을 스치며 외롭게 부는 바람이 있다면 그것이 너를 향하는 내 사랑임을 알아야 할 것이다.

곱디고운 달빛 한 자락이 네 옷자락에 스며들면 그것이 내 간절한 마음인 줄 알아야 할 것이다. 나의 사랑 나의 그리움, 철쭉.

가장 아름다운 꽃

오늘 누군가를 위해 피고 있는 그대의 마음이 가장 아름다운 꽃이리.

아픈 시간을 보내며 많이 외로웠을 그대의 무심한 세월이 나와 인연의 고리를 만든 것 같네.

말하지 않아도 그 마음 내가 알 것 같으이.

그대가 너무 힘들어 하니까 하나님께서 말벗으로 나를 그대 곁에 둔 것 같네 그려.

어제 일은 너무 마음 상해하지 마시게.

살아보니 인생이 삶이 내 마음먹은 대로 흘러가지는 않은 것이데.

내가 한발 물러서면 상대가 한 발 다가올 공간이 생기네.

내가 숨 한 번 들이쉬고 하고 싶은 말을 안으로 삼키면 상대가 뒤로 한 발 물러서지.

우리는 다행히 책을 읽고 글을 쓰면서 먼저 간 사람들의 시행착오 속에서 삶을 배우지 않던가.

많이 아프지 말고 많이 억울해 하지도 마시게.

때로는 옳은 일도 옳다고 말하지 못할 때가 많아.

허나 시간이 지나고 나면 상대가 그게 옳았다는 걸 알게 되지.

그 때까지 기다리는 게 이기는 것이네.

난 그리 살아왔어.

그러니 너무 다급하게 서두르지 말고 뒤로 한 발 물러서서 시야를 넓게 하고 멀리 바라보시게.

오늘도 사랑스런 꽃 속에서 향기로운 마음으로 행복하시게.

내가 자네를 가장 아낀다는 걸 위안으로 삼으면서 마음을 다독이시게.

어떤 편지

여름이더니 어느새 가을이구나.

겨울이 오기 전, 네 편지를 받고 한결 마음이 편해졌다.

너를 아프게 하려는 것은 아니었고 다만 너를 향한 내 마음이 편해지고 싶어서였다. 어제 K 선생님 찾아뵙고 그럴 수밖에 없던 너를 위해 변명은 해 두었다.

그리고 그냥 지나치려다 자꾸만 너를 생각하는 내 마음이 편치 않아 그렇게 너에게 마음을 덜어 놓았던 것이다.

너무 마음 아파하지 말아라.

난 너를 이해하려고 노력한다.

한 번의 실수는 사는 동안 지혜가 되는 법이니 그걸 밑거름 삼아 사람의 마음을 읽는 눈을 가지도록 애써 보거라.

내가 늘 아끼는 마음으로 너를 바라보았듯이,

너의 삶을 진심으로 응원하고 박수를 쳐 주었듯이

앞으로 더욱 소중한 사람으로 서로를 바라보았으면 좋겠다.

가을인데 늘 바쁜 일상으로 너무 몸 혹사시키지 말고 좋은 시간 만들어 가면서 살도록 해라.

인생 살아보니 별것도 아닌 것을 이렇게 고단하게 살고 있다는 생각이 가끔 든다.

난 생각보다 잘 살아내고 있고 앞으로도 밝고 향기로운 마음으로 살 작정이다. 너 또한 새로운 삶에 활력이 생겼으면 한다.

네가 좋아서 선택한 삶이니 만큼 소중하고 가치 있게 살아내길 소망한다.

이 시간 이후, 너와 난 예전처럼 아무 일도 없었던 것처럼 그리 살자구나.

그럼 밝고 고운 너희 모습이 늘 선선한 가을바람처럼 상큼한 하루였으면 좋겠구나.

말 아끼기

말 잊은 지 오래다. 그 덕분에 뒷산 소나무 숨소리도 들을 수 있었다.

즐겨 다니는 동적골, 길 옆으로 흐르는 아기 눈망울 같이 빛나는 물의 눈빛도 볼 수 있었다.

가끔 말을 잊는다는 것은 듣지 못하고 보지 못했던 것들을 다시 챙기는 일이다. 그래서 흐르는 물이 가랑비에 젖는 것을 보며 나도 아픈 세상에 저리 젖어 물로 흐를 때가 있었음을 깨닫고 솔방울 지는 소리에 놀라 흔들리는 달빛을 보며, 나도 진실을 외면한 사람들에게 놀라 잠시 흔들릴 때가 있었구나.

그래서 참 많이 아팠었구나.

그래서 참 많이 울었었구나하며 말 아끼는 법을

배운다.

몽상처럼 부풀어 오르는 동적골 새벽길, 아직 지상은 선명하게 보이는 것이 아무 것도 없는데 딱지도 채 굳지 않은 상처 하나가 아슴아슴하게 내 앞에 안개처럼 피어오르다 사라진다.

진실을 왜곡하는 사람 앞에서 내가 무엇을 할 수 있을까.

말을 아끼는 것뿐이었다.

말을 아끼다보면 보고 들을 수 있는 것들이 참 많다는 걸 나는 동적골을 걸으며 몸이 굵은 팽나무에게 듣는다.

녹아서 없어지는 비누처럼

비누는 사용할 때마다 살이 녹아서 작아진다. 그리고 드디어 흔적도 없이 사라진다. 만일 녹지 않는 비누가 있다면 쓸모 없는 물건에 지나지 않을 것이다.

사람도 마찬가지다. 자기희생을 통해 사회에 공헌할 줄 아는 사람은 좋은 비누에 속하지만 어떻게 해서든 자기 것을 아끼려는 사람은 물에 녹지 않는 비누와 같다.

우리들의 삶 중에 희생하는 삶만큼 숭고한 삶은 없다. 희생을 바탕으로 성립되는 인간관계는 어느 것이나 아름다울 수밖에 없기 때문이다. 사랑이 그렇고, 우정이 그렇고 동료애가 그렇고, 전우애도 그렇다. 비누처럼 나를 희생해 상대를 돋보이게 하는 삶,

말은 쉽지만 실천하기는 어려운 삶이긴 하다.

그러나 지금 누군가를 사랑 한다면 상대를 위해 녹는 비누가 되어야 할 것이다. 이런 마음이 없다면 참된 사랑이 아니니까.

그랬습니다

가장 낮은 곳으로만 흐르려고 애써 온 삶이었습니다. 가다가 흐름이 막히면 제 자리에서 맴도는 사고의 깊이를 재어 보았고 어차피 돌아가야 한다면 제아무리 멀고 험해도 돌아 갈 수 있다는 사실만으로도 나는 늘 감사했습니다.

변개시킬 수 없는 길목에서 부딪치는 나와 다른 체온의 이질감 속에서도 동행이라는 물살을 거스르지 아니했습니다. 누구나 필요하다면 나눠 주기를 마다하지 않았고 가슴이 메마르다 하면 적셔 주고자 노력했습니다. 내 삶은 그게 전부였습니다. 은모래 밭에서 연약한 날개를 사뿐히 내려놓고 번민에 빠져 있던 내 정신의 피폐를 막아주던 물새들의 노래, 진하디 진한 해당화의 꽃잎이 나를 향해 뿌리던 그 은은한 향기, 헹굴 수 없는 버려진 양심의 오수로 육신이 문드러져 거품으로 뒹굴던 파도의 광란도 나는 잊을 수 없습니다. 지상에 뿌리박고 산다는 이유만으로 뒤집어 쓴 폐수에 제 이름마저 잃어버린 실성한 수초들의 두런거리던 소리도 결국 나는 듣고 말았습니다.

이렇게 세상에 허락된 것들은 그 무엇도 가치가 없는 것들은 없습니다. 다만 그 가치를 저울질 하는 것은 우리 인간밖에 없습니다. 산다는 것은 함께 공존하는 모든 것들과 하나가 되어 삶을 기르는 것입니다.

세상에는 귀하나 감춰져서 드러나지 않은 것들이 허다하게 많습니다. 이름을 밝히지 않았을 뿐 가장 낮은 자리에서 가장 소외된 사람들과 마음을 나누는 숨겨진 모습들도 많습니다.

한가위를 손꼽아 기다렸던 소녀시절 가슴이 설레고 그리운 것들이 많았던 그때, 한복을 곱게 차려입고 뒷산에 매어 놓았던 그네에 몸을 얹어 허공을 날았던 그 때와는 달리 지금은 주위를 둘러보면 안타까운 사람들이 너무나 많습니다. 헐벗고 굶주려 소리조차 내지 못하고 사는 이웃들이 너무나 많습니다.

생각해 보았습니다. 내 인생을, 내 몫보다는 상대의 몫을 챙기려 노력하고 살았어도 아직도 덜어내지 못한 온기가 많은 부피로 남아있습니다.

누군가를 위해 덜어내야 할 그 온기의 부피를 줄이기 위해 오늘도 나는 길을 나설 참입니다. 그래서 더 가벼워져야겠습니다. 돌아다보면 아쉬운 것들 투성이고 돌아다보면 그리운 것들뿐입니다. 후회하지 않은 삶이란 어떤 삶일까 하고 생각을 보태봐도, 결코, 정답이 없는 게 인생인가 봅니다.

그래도 우리 가장 낮은 자리에서 가장 힘겨운 이웃들과 어울려 한가위를 맞으면 참으로 좋을 거란 생각이 듭니다. 그게 사람 냄새 나는 세상일 것입니다. 그게 함께 사는 세상일 것입니다.

하늘 냄새

사람이 하늘처럼 맑아 보일 때가 있다. 그때 나는 그 사람에게서 하늘 냄새를 맡는다. 사람한테서 하늘 냄새를 맡아 본 적이 있는가. 스스로 하늘 냄새를 지닌 사람만이 그런 냄새를 맡을 수 있을 것이다.

인간관계에서 권태는 시간적으로나 공간적으로 늘 함께 있으면서 부딪친다고 해서 생기는 것만은 아니다. 창조적인 노력을 기울여 변화를 가져오지 않고, 그저 날마다 비슷비슷하게 되풀이되는 습관적인 일상의 반복에서 삶에 녹이 스는 것이다. 아름다움을 드러내기 위해 가꾸고 다듬는 일도 무시할 수 없지만 자신의 삶에 녹이 슬지 않도록 늘 깨어 있으면서 안으로 헤아리고 높이는 일에 근본적인 노력이 뒤따

라야 한다. 사람은 저마다 홀로 자기 세계를 가꾸면서 공유하는 만남이 있어야 한다. 어느 시인의 표현처럼 "한 가락에 떨면서도 따로따로 떨어져 있는 거문고 줄처럼" 그런 거리를 유지해야 한다. 거문고 줄은 서로 떨어져 있기 때문에 울리는 것이지, 함께 붙어 있으면 소리를 낼 수 없다. 공유하는 영역이 너무 넓으면 다시 범속에 떨어진다. 행복은 절제에 뿌리를 두고 있다. 생각이나 행동에 있어서 지나친 것은 행복을 침식한다. 사람끼리 만나는 일에도 이런 절제가 있어야 한다. 행복이란 말 자체가 사랑이란 표현처럼 범속한 것으로 전락한 세상이지만, 그렇다 하더라도 행복이란 가슴속에 사랑을 채움으로써 오고, 신뢰와 희망으로부터 오고, 따뜻한 마음을 나누는 데서 움이 트지 않던가.

그러므로 따뜻한 마음이 고였을 때, 그리움이 가득 넘치려고 할 때, 영혼의 향기가 배어 있을 때 친구도 만나야 한다. 습관적으로 만나면 우정도 행복도 쌓이지 않는다. 혹시 이런 경험은 없는가? 텃밭에서 이슬이 내려앉은 애호박을 보았을 때, 친구한테 따서 보내주고 싶은 그런 생각을 한 적이, 또는 들길이나 산길을 거닐다가 청초하게 피어 있는 들꽃과 마주쳤을 때, 그 아름다움의 설레임을 친구에게 전해 주고 싶었던 그런 경험은 없는가? 이런 마음을 지닌 사람은 멀리 떨어져 있어도 영혼의 그림자처럼 함께할 수 있어 좋은 친구이다. 좋은 친구는 하늘 향기가 나며, 인생에서 가장 큰 보배다.

4

인생의 속살을 찾아서

조금은 흔들려도 괜찮아

삶에 대한 가치관이 제대로 서 있어도 조금은 흔들릴 때가 있습니다.

돈에 흔들리고 권력에 흔들리고 명예에 흔들리고 또는 아름다운 여자에게 흔들리고 잘 난 남자에게 흔들리듯 말입니다.

긍정적이고 밝은 생각으로 하루를 살다가도 모든 것들이 부정적으로 보이며, 정직함과 곧고 바름을 강조하면서도 양심에 걸리는 행동을 하고 싶을 때가 있습니다. 포근한 햇살이 곳곳에 퍼져 있는 어느 날에도 마음에서는 심한 빗줄기가 내리며 흔들릴 때가 있습니다. 행복만이 가득할 것 같은 특별한 날에도 홀로 지내며 소리 없이 울고 싶은 날이 있습니다. 재

미난 영화를 보며 소리 내며 웃다가도 웃음 끝에 스며드는 허탈감에 흔들릴 때가 있습니다.

호흡이 곤란할 정도로 할 일이 쌓여 있는 날에도 머리로만 생각할 뿐, 가만히 보고 있을 때도 있습니다. 내일의 할 일은 잊어버리고, 오늘만을 보며 술에 취해 흔들리는 세상을 보고픈 날이 있습니다. 늘 한결 같기를 바라지만, 때때로 찾아오는 변화에 혼란스러워 흔들릴 때가 있습니다. 한 모습만 보인다고 하여 그것만을 보고 판단하지 마십시오. 흔들린다고 하여 곱지 않은 시선으로 바라보지 마십시오. 사람의 마음이 늘 고요 하다면, 그 모습 뒤에는 분명 숨겨져 있는 보이지 않는 어떤 부분이 있을 것입니다. 가끔은 흔들려 보며 때로는 모든 것들을 놓아봅니다. 그러한 과정 뒤에 오는 소중한 깨달음도 있습니다. 그것은 다시 희망을 품는 시간들입니다. 다시 시작하는 시간들 안에는 새로운 비상의 날개가 있습니다. 흔들림 또한, 사람이 살아가는 한 모습이 아닐까요.

그러니 조금은 흔들려도 괜찮을 것 같습니다.

살아보니 알겠더라

살아보니 알겠더라. 꼭 만나야 할 사람은 만나고 스치고 지나가야 할 사람들은 스치듯 지나가는 것을,

그러다 떠나가야 할 사람들은 떠나가고 남아야 할 사람들은 남겨진다는 것을.

두 손 가득 쥐고 있어도 어느새 빈손이 되어있고, 빈손으로 있으려 해도 또 그 무엇인가 움켜쥐고 있음을,

소낙비가 내려 잠시 처마 밑에 피하다보면 멈출 줄 알았는데

그 소나기는 폭풍우가 되어 온 세상을 헤집고 나서야 멈추는 것을,

떠나는 계절, 저무는 노을. 힘겨운 삶마저도 다 지

나가지만 그 순간순간은 숨을 쉴 수조차 없는 고통이었음을.

이처럼 흐르는 것은 계절만이 아니었음을.

그저 강물도, 바람도 구름도 노을도, 그리고 너도 나도 다 그렇게 흐르며 지나간다는 것을.

혼자 울지 마라

하늘 아래 그 어떤 아픔도 온전히 한 사람만의 몫으로 주어진 것은 없다.

앞 산 단풍도 홀로 붉지 않고, 소슬바람이 능선의 가슴을 쓸어내리면 그 때에야 모든 나무들이 서로 섞여 고운 물이 드는 것이다.

너무 아파서 홀로 슬퍼 자신을 연민할 때도 꽃은 피고 사랑은 진다.

그러니 혼자 울지 마라.

세상에 아픈 눈물을 흘러보지 않은 사람은 없다.

사랑 그 뒤에는 이별이 있고 이별 그 뒤에는 눈물이 있는 법,

아픔이 클수록 그리움이 깊어지는 것이라는 걸

우리 다 알고 있으니 혼자 울지 마라.
잠시 불꽃처럼 타던 사랑도 어느 날 시들어
우주가 무너지는 청천벽력으로 멍이 들고
마음은 고통에 젖어 시퍼렇게 날이 서 있어도
숨이 쉬어지면 살아지는 것이니 혼자 울지 마라.
이제 서로 멍든 자국을 어루만지며 우리 숨이 끊어질 때까지
그리운 날에는 서로 가슴을 보듬고 외로운 날에는 서로 안부를 묻자.
그러고도 남는 날에는 우리 서로 위로하며 가슴을 맞대자.
그러니 혼자 울지 마라.

왜 사느냐고 묻지 마시게

왜 사느냐고, 요즘 어떻게 사느냐고 묻지 마시게.

사람 사는 일이 어디 법칙과 공식으로 정해져 있던가.

그냥 저냥 순응하며 사는 것이지.

남들은 저리 사는데 나는 왜 이렇게 살지 하며 자신을 탓하지 마시게.

깊이 알고 보면 그들도 남모르는 삶의 고통이 있고 근심걱정도 있는 법이라네.

그 누군들 가슴 쓸어내리는 일 없으며 눈물 흐르는 일 없겠는가,

그저 그러려니 하며 사는 것이지.

옥에도 티가 있듯이 이 세상에는 완벽한 삶을 사

는 사람들이 없으니 자신을 너무 옥죄지 마시게.

많이 가진 자나 가지지 못한 자나 하루 세끼 먹는 것은 마찬가지고,

늙고 병들어 저승 갈 때는 빈손 쥐고 가는 것도 다 똑 같지 않던가.

들이 마신 숨마저도 다 뱉어내지 못하고 눈감고 갈 터인데,

모두 버리고 수위 한 벌 걸치고 갈 것인데
베풀고 비우고 좀 더 양보하고 덕을 쌓으며 살다가
뒷모습이 아름답게 떠난 자리가 향기롭게
그리 고요히 살다가 가세나.
그러니 왜 사느냐고 굳이 묻지를 마시게, 제발.

비워야 채울 수 있다

넘치게 담는다고 해서 마음이 넉넉해지던가.

배가 부른다고 해서 마음이 풍족해지던가.

아무리 담고 채워도 늘 허기질 때가 있다. 그럴 때는 그저 비워내는 것이 담아두는 것보다 훨씬 편하다.

마음도 몸도 생각도 다 비워내는 것이다.

봄의 푸른 세계를 가슴에 담아둔다고 해서 여름이 오지 않던가.

여름의 열정을 가슴에 품는다고 해서 가을이 더디 오던가.

가을의 낭만을 한없이 즐기고 싶다고 해서 시린 겨울이 오지 않는 것도 아니질 않던가.

그저 오고가는 것이 순리이니 물 흐르는 대로 바람 부는 대로 비우고 또 비워내야 다시 새롭게 채울 수 있다는 진리를 우리는 다 알고 있질 않은가. 그러니 알면서도 비워내지 못할 까닭이 없네. 그러면서도 가득 가득 채우려하니 그게 문제로세.

생각은 비워내는데 마음이 비워지지 않으니 하는 말일세.

비워야 더 가벼워진다는 진리를 가벼워야 더 무게를 실을 수 있다는 것을 우리는 잘 알고 있으면서도 말이네. 그러니 지금부터라도 비우고 비워서 가벼워지세나.

오늘

'오늘'이라는 말. 싱그러운 꽃처럼 풋풋하고 생생하다.

마치, 이른 아침 산책길에서 마시는 한 모금의 시원한 샘물 같은 말이다.

오늘은 오늘, 그 자체만으로도 소중하고 아름다운 희망이다.

세상의 모든 희망은 언제나 오늘로부터 시작된다.

한 번의 결심이 절망을 몰아내는 것도 오늘에 결정되고, 한 번의 희생이 사랑을 키우는 것도 오늘이 없으면 불가능하다.

오늘이 모여 1년이 되고 1년이 모여 평생이 된다.

오늘 하루가 우리에게 사랑이자 기쁨이며 훗날 그

래도 우리 잘 살아낸 것 같다고 말 할 수 있다면 오늘, 이 푸르고 생생한 날을 어찌 귀하게 쓰지 않으랴.

웃음엔 가난이 없다

요즘 거리를 걸어 다니는 사람들의 얼굴을 보면 표정에 웃음이 없다. 아무리 힘든 세상이라고는 하지만 이 세상에서 인간 외에 웃을 수 있는 동물이 어디 있겠는가.

사실 아무리 어렵고 괴롭던 일들도 몇 년이 지나 돌이켜 보면 아무것도 아니었다는 것을 우린 쉽게 깨닫는다.

세상의 모든 것들은 그냥 다 지나가기 때문이다.

고통도, 환란도, 가슴 찢어지는 아픔도 그 어떤 것들도 웃으면서 세상을 보면 다 우습게 보인다.

그래서 웃고 사는 한 결코 가난해지지 않는다.

백번의 신음소리 보다는 한 번의 웃음소리가 행복

을 가져오고 평화를 가져온다.

얼굴에 웃음이 떠나지 않을 때 우리의 창고는 차오르고 결국 가난을 면하게 되는 것이다.

그래서 웃음엔 결코 가난이 없는 것이다.

만남

인생에서 제일 중요한 것 중의 하나가 만남이다.

독일의 문학자 한스 카로사는

"인생은 너와 나의 만남이다"라고 말했다.

이렇듯 인간은 만남의 존재이다.

살면서 나는 사람과의 만남보다는 책과의 만남을 더 중요시했다. 그것은 어쩌면 사람에 대한 신뢰가 무너져버렸기 때문일지도 모른다.

인간의 행복과 불행은 만남을 통해 결정된다.

백성은 왕을 잘 만나야 하고 왕은 백성을 잘 만나야 훌륭한 왕이 될 수 있듯이, 여자는 좋은 남자를 만나야 행복하고 남자는 좋은 여자를 만나야 행복하다.

나는 삶의 어느 한 자락에서 한 사람을 만났다.

그 만남이 이토록 애틋한 그리움이 될 줄 몰랐다.

혹독한 세상 속에서 찢기고 상처 입은 영혼의 날개 위에 살포시 내려앉은 포근한 인연,

고단한 여정 한 가운데 아늑하고 평안한 위안,

서로에게 마음의 양식을 주고받을 수 있는 소중한 우정,

그녀와의 만남은 내겐 그 무엇과도 바꿀 수 없는 소중한 행복이다.

소중한 날들

하루하루가 소중하지 않는 날이 없겠지만 그 하루하루를 소중히 보내려 하지 않는 사람도 없을 것이다.

하루가 우리에겐 천금 같은 시간이고 그 하루를 다 비워내어 어제를 남기고 또 그 하루를 다 채워내야 만이 내일이 오기 때문이다.

그런 소중한 하루 속에 스치듯 지나가는 무심한 세월 앞에서 아무 생각 없이 그냥 저냥 사는 사람들도 있을까.

아침 출근길에서 만났던 이가 퇴근 후에는 영원히 잠들어 버리고, 저녁에 함께 자리에 누웠던 아내나 남편이 다시 눈을 뜨지 않는 일들이 빈번한데 얼마나 산다고 아웅다웅 서로를 아프게 하겠는가.

그 소중한 시간들을 다 탕진하고 돌아와 보니 너무나 늦어 있다면 우린 얼마나 후회가 깊을 것인가. 그 하루가 얼마나 소중한지를 그 시간이 얼마나 귀한지를 그 순간이 얼마나 가치 있는지를 오늘 이 순간 깨닫기만 한다면 그래도 우린 기회가 있는 것이다.

시간은 멈추지 않고 내 사랑하는 사람들은 그 자리에 늘 머물러 있지 않으니 하는 말이다. 그래서 지나가 버린 모든 것들은 아쉽고 소중하며 그리운 것이니 귀한 시간을 후회하지 않도록 소중하게 써야 할 것이다.

나이

나이가 들면서 나이만큼 깊어지는 것들이 있다.

군데군데 자리 잡아가는 주름 사이로 옹송거리는 세월을 덧없다고 하지 않는 것은, 세월이 흐르면서 더욱 아름다워지는 것들이 있기 때문이다. 주름이 늘어간다는 것은 마음으로 볼 수 있는 것들이 늘어간다는 것이다. 다른 사람의 속도에 신경 쓰는 일보다 자신이 가진 능력에 알맞은 속도를 헤아릴 줄 알게 된다는 뜻이기도 하다.

평면적으로 보지 않고 둥글둥글 전체를 보게 되고, 지식보다는 지혜로운 말을 따르게 된다.

날카롭던 것들은 유연하게, 상처는 치유의 흔적으로 내게 없는 것, 내게서 떠나는 것에 집착하지 아니

하고, 내게 있는 것, 내게로 오는 것에 감사하는 법을 알게 되는 것도 바로 나무의 나이테같이 세월 앞에 넉넉해지는 나이 덕분인 것이다.

우리는 살아오면서 저마다의 연륜이 몸에 배이고, 인생의 빛과 어둠이 녹아든 양만큼 적절한 빛깔과 향기를 가슴에 담는 것이다.

그리고 나이의 깊이만큼 보는 시야가 넓어지고 이해할 수 없는, 또는 감히 도달할 수 없는 사유의 깊이가 생기는 것이다.

이처럼 인생에서 나이는 그냥 얻어지는 것이 아니다.

굴레는 자신이 만든다

아직도 모르겠는가, 진심이 무엇인지.

아무리 가치 상실의 시대라지만, 타인의 인정을 받기 위해 자신이 평생을 두고 지켜오던 도덕과 윤리마저 등진다면 그걸 누가 말리겠는가.

난 그런 사람들을 곁에서 보았다.

성공이라는 이데올로기에 갇혀 길을 잃은 사람들 속에 서서 거기에 합류한다 한들 그 또한 누가 말리겠는가.

굴레는 자신이 만든 것이지 그 누구도 내게 굴레를 씌우지는 않는다.

자신이 스스로 공정과 원칙이라는 굴레를 만들어 스스로 묶고 지배하며, 그 틀에서 벗어나지 못할 뿐이다.

그런 사람들을 지켜보며 난 가슴이 많이 아팠다.

그러다 어느 날 문득 그 이기심에서 벗어난다면 드디어 그들도 진심이 무엇인지 보일 것이다.

혁명으로 독재자를 무너뜨릴 수는 있어도 공정과 원칙을 고집하는 한 사람의 생각은 그 누구도 바꿀 수 없기 때문이니…….

삶의 향기

꽃은 피어날 때 향기를 토하고
물은 연못이 될 때 소리를 숨긴다고 한다.

향기로운 사람은 꽃이 피어 존재를 알리듯 침묵으로 자신을 알리고
사색 속에 묻어 나오는 폭넓은 언어와
깊은 내면의 세계를 향기로 피워낸다.

나의 사람도 그렇다.
빙긋이 웃는 엷은 미소 속에 담긴
선한 입매가 그렇고
그윽한 눈빛에 묻어 나오는 진실의 빛깔이 그렇다.

삶의 언저리 어디쯤에서였을까
그의 인생에서 가장 아름다웠던 날들은

나의 사람은 지금 사랑에 빠져있다.
인생의 저물녘에서 뜨는 태양을 바라보고 있다.

나의 사람은 누군가의 세계를 열어주었다.
그가 마음껏 뛰놀 수 있는 마당을 마련해 주었다.

나의 사람의 마당은 사랑으로 가득 차 있고
그는 지금 그 사랑의 향기에 취해 있다.

나의 사람은 어두운 세상의 빛이 되어 그만을 향하는 별이 되었다.
달이 되었다.

선

가끔 자신의 생활이나 업무를 벗어나 불현듯 주위를 돌아보거나 멀리 시선을 두었을 때 산과 숲이 내게로 다가온다.

또한 아련한 수평선 혹은 지평선이라는 확고하고 안정된 선이 있다는 것도 발견하게 된다.

얼핏 그것들은 눈에 익은 풍경에 지날지 모른다. 그러나 그 풍경 속에 있는 견고하고 안정된 선은 인간의 내면에 잠재해 있는 차분함과 깊은 신뢰라는 것을 안겨준다.

모든 사람들이 그걸 본능적으로 알기에 창 너머 풍경을 중시하고 그런 자연과 좀 더 가까이 있는 보금자리를 원한다.

나 또한 너무나 가까이 있는 자연의 소중함을 잊

고 지낼 때가 많다.

지금 내 눈에 들어오는 낙안 읍성이 그렇다.

폭염 속에서도 늘 같은 모습으로 그 자리와 그 선을 지키는 우리의 옛것들. 초가집 돌담길 어린 날, 내가 걸었음직한 그 아름답고 고즈넉한 길은 보석 같은 추억이 묻어있다.

그것뿐이 아니다. 풀 한 포기, 어여쁘게 피어있는 자잘한 꽃잎에 놓인 아기자기한 이야기들까지 선을 지킨다. 거기다 읍성을 둘러싸고 있는 낮은 산들과 더 이상 높이를 넘지 않은 담들은 그 읍성에 걸맞게 자리매김을 하고 있다.

그것은 비단 가지런한 선과 깊은 의미와 가치에서 오는 것만이 아닐 것이다. 지나간 것들은 저 곡선을 따라 흘러가며 절제된 선에서부터 내려오는 부드러움에 담겨있을 것이다.

하늘도 땅도 그리고 바다도 다 절제된 선과 공간을 지키기 때문에 지구가 돌아가는 것이니 낙안읍성의 가람이야 오죽하겠는가.

말의 품격

인간은 외로움이 사무치면 자신의 그림자라도 부둥켜안고 살아야 하는 존재라고 한다. 하여, 사람을 만나고 접하고, 또 뭔가를 추구하고 이루고 도전하면서 그 외로움을 달랜다.

글은 여백 위에만 남기는 것이 아니다. 누군가의 머리와 가슴에 새겨지기도 하고 글속의 단출한 문장 한 줄이 누군가의 상처를 보듬고 삶의 허기를 달래주기도 한다. 강의를 하는 사람들의 입에서 대중에게 쏟아 내는 말들도 그렇다.

입 밖으로 나오지 못하는 말들이 여물어 결국은 글로 빚어지기도 한다.

그 글의 씨앗이 누군가의 마음에 떨어져 싹이 터

자라서 여물기도 하지만 무심코 여백에 남긴 한 줄의 글이 누군가에게는 상처가 되기도 하니 온 정성을 다해 써야 한다는 뜻이다.

말과 글은 그 사람의 품격이 드러나기도 한다. 나만의 체취, 내가 가진 고유한 인향은 내가 구사하는 언어에서 풍겨 나오기 때문이다. 그래서 글이나 말로 하는 언어는 곧 생각의 씨앗이 되는 것이니 늘 심중을 기해야 한다.

봄 길을 여는 색

색은 우리 일상에서 매우 중요한 역할을 한다. 우리는 색을 통해 계절을 인지하고 경험하며 또한 감정을 표현하기도 한다. 색은 우리의 감정과 인식에 큰 영향을 미치기 때문에 우리가 원하는 메시지를 전달하기 위해 적절한 색을 선택할 때도 있다.

내가 가장 좋아하는 색은 초록색이다. 초록색은 보면 볼수록 마음에 안정과 평안함을 주기도 하지만 젊은 날을 연상케 하기도 한다.

초록색은 생생함과 닮아있다. 싱그럽고 새콤한 그러면서도 단맛이 가득한 잘 익은 과일같이 싱그런 날 같다.

초록은 자연의 산물로서 우리에게 평온함과 안정

감을 전해주는 특별한 색이다. 거기다 자연의 생명력을 상징하며 우리의 눈과 마음까지 편안하게 만들어 주기도 한다. 그래서 나는 마음이 편치 않을 때는 초록색을 찾아 휴식을 공급받아 회복하기도 한다.

새침한 푸른 풀꽃을 보며 참 곱다는 생각과 함께 나도 세상에 저리 싱싱한 색깔로 놓일 수만 있다면 참으로 좋겠다는 욕심도 내본다.

산다는 것은 어떤 방향을 설정해 놓고 간다고 할지라도 가끔은 작은 풀꽃에 마음이 흔들리는 순수함도 있어야 한다. 이제 막 움트기 시작한 연초록 색깔은 봄 길을 여는 내가 가장 사랑하는 그리운 색이다.

초심을 잃지 않는 지혜

훌륭한 인물이 되고, 중요한 과업을 성취하기 위해서는 세 가지 마음이 필요하다고 합니다.

첫째는 초심, 둘째는 열심, 그리고 셋째는 뒷심이라고 합니다. 그중에서도 제일 중요한 마음이 초심이 아니겠습니까. 초심 속에 열심과 뒷심이 담겨 있기 때문일 것입니다.

초심에서 열심이 나오고, 초심을 잃지 않을 때 뒷심도 나오니 하는 말입니다. 초심이란 처음 품는 마음이란 걸 우린 잘 압니다. 처음에 다짐하는 푸른 마음 또한 첫사랑같이 때 묻지 않은 깨끗한 마음입니다. 또한 초심이란 겸손한 마음이며 순수한 마음이며 배우는 마음입니다.

초심은 동심의 마음입니다. 피카소는 동심을 가꾸

는 데 40년이 걸렸다고 말했습니다. 그래서 초심처럼 귀한 것이 없다는 생각이 듭니다.

가장 지혜로운 삶은 영원한 초심자로 살아가는 것입니다. 우리가 무엇이 되고, 무엇을 이루었다고 생각할 때가 가장 위험할 때입니다. 그때 우리가 점검해야 할 마음이 초심입니다. 우리 인생의 위기는 초심을 상실할 때 찾아오지 않던가요.

초심을 상실했다는 것은 교만이 싹트기 시작했다는 것이기도 합니다. 마음의 열정이 식기 시작했다는 것이며 겸손과 배우려는 마음을 상실해 가고 있다는 증거이기도 하지요.

초심을 잃지 않기 위해서 우리는 늘 마음을 관찰해야 합니다. 초심과 얼마나 거리가 멀어져 있는지 초심을 상실하지는 않았는지 살펴보아야 합니다.

초심은 사랑과 같아서 날마다 가꾸지 않으면 소멸된다고 합니다. 그러니 우리도 처음 품었던 때 묻지 않은 고운 마음을 놓치지 않기 위해 늘 집중하고 살아야 하지 않겠습니까.

어떤 일에서든 진실 하라

진실한 것이 더 쉬운 것이다. 어떠한 일이든 거짓으로 포장해서 해결하려는 것 보다는 진실에 의해서 해결하는 편이 더 신속하게 처리된다.

이탈리아 로마에서는 진실의 입 앞에 줄을 선 사람들이 많다.

거짓말 한 사람이 진실의 입에 손을 넣으면 손이 잘린다고 믿는다.

관광객들은 호기심에 진실의 입에 손을 넣으려 한다. 입구에 손끝만 넣고도 아무렇지 않아 흐뭇해하는 사람, 깊숙이 넣고는 별거 아닌 듯 되돌아가는 사람들도 있다. 산타마리아 인 코스메딘 성당 앞 홀르비오의 얼굴 진실의 입, 사람들은 진실하기를 바라며 오늘도 불안한 마음으로 그 입에 손을 넣고 있을 것이다.

그럼에도 불구하고 우리는 진실해야 한다. 때로는 진실은 쓸쓸하고 아프다. 진실은 어쩌면 자신과의 싸움이기도 하다. 진실을 추구하는 일은 무척 어려우면서도 사실은 굉장히 쉬운 일이다. 바라는 욕심을 내려놓으면 가능하다. 나를 낮추면 더욱 쉬워진다. 그래서 진실은 곧 자신의 선택이며 책임이다. 처음에는 손해 본 것 같지만 결국은 책임질 일이 없어진다.

그러나 거짓은 책임이 따르며 늘 거기에 맞는 말을 생산해 내야 하는 곤욕을 치른다.

그보다 더욱 나쁜 것은 겉으로는 진실한 채 하면서 자기 자신에게까지 거짓말을 하는 것이다. 그 거짓은 결국 자신의 인생을 망치게 하는 요인이 된다.

아무리 꽃이 예뻐도 냄새가 독하면 곁에 가까이 가지 않는다. 그러나 화려하지 않아도 향기가 좋으면 그 꽃은 방안으로 들여 놓는다. 사람도 마찬가지다.

거짓으로 화려하게 포장한 사람보다는 화려하지 않아도 진실한 사람 곁에 다가가고 싶은 것이다.

가슴으로 듣기

멈춰서 들으면 무슨 말인지 알 수 있다. 귀로 듣거나 머리로 들으면 들리지 않던 것들도 가슴으로 들으면 들린다.

멈추면 들리고 눈을 감으면 비로소 보인다. 그렇게 듣고 보면, 용서할 수 없던 사람을 용서할 수 있는 마음이 생긴다.

그뿐이 아니다. 책을 읽다 나보다 먼저 경험한 사랑을 보았을 때 가슴이 설레이고 얼굴이 붉어진다. 그 후 키가 자라고 생각이 자라고 나이가 자라 면 처음 사랑의 마음이 생겼을 때처럼 온 세상이 그 사랑으로 꽉 차는 것을 우리는 경험한다. 사랑은 소란스럽게 찾아오지 않는다. 어느 날 갑자기 감정의 변화로 가만히 조용히 그리고 침묵 속을 뚫고 가슴을 파고든다.

그동안 바깥 소음 때문에 놓쳤던 소리들, 내 안의 들끓음 때문에 집중하지 못했던 소리들을 눈을 감고 가슴으로 듣는다. 음악 한 소절의 가락으로, 시 한 구절의 느낌으로 그렇게 듣는다. 그 소리를 우리는 영감이라고도 하고 신의 음성이라고도 한다.

잠시 호흡을 고르고 한발 뒤로 물러서서 생각을 정리하고 들으면 나를 다듬을 수 있는 새로운 발견과 놀라운 깨달음을 얻게 된다.

꽃과 벌

물이란 본디 산 정상에 머물지 않고 계곡을 따라 흘러가는 법이다. 진정한 미덕은 다른 사람보다 높아지려고 하는 사람에게는 머무르지 않으며 겸손하고 낮아지려는 사람에게만 머무는 것이다.

어떤 축제에 참여하면서 가장 낮은 곳으로 흐르려는 몇 사람을 보았다. 아름답다는 것은 자연의 푸르른 풍경만이 아니다. 그렇게 땀을 흘려가며 대중을 위해 헌신하고도 기뻐하는 고운 마음들이다.

벌이 꽃에게 꿀을 따지만 꽃에게 상처를 남기지 않고 오히려 열매를 맺을 수 있도록 도와주듯이, 늘 희생을 아끼지 않은 사람들 때문에 우린 행복할 수 밖에 없다. 내 것만 취하기 급급하여 상대에게 상처를 내면 그 상처가 결국엔 썩어 내가 취할 근원조차 잃어버리고 만다는 것을 우리는 알고 있다.

사람과 사람 사이에도 꽃과 벌 같은 관계가 이루어진다면 이 세상엔 아름다운 삶의 향기로 가득 찰 것이다.

흔적

나뭇잎 하나도 놀라지 않게 사뿐히 발을 옮겨야 한다. 혹여 떠날 채비를 마치지 못한 풀잎 끝에 매달린 아침 이슬이 서두르지 않도록 숨소리도 죽여야 한다.

내가 산에 오르는 것을 그 누구도 눈치 채지 못하도록 몸을 낮춰 길눈 밝은 바람의 뒤만 따라가야 한다.

어디쯤일까. 촉촉이 젖은 흔적 하나가 스멀스멀 앞장선다.

연잎은 작은 물방울 하나도 가슴에 품지 않거늘 그 물방울이 지나간 자리마저도 흔적으로 남기지 않거늘 어찌하여 사람만이 연한 바람결에도 흔적을 만들어 이렇게 아프게 나를 겨냥하는가.

내 살아온 긴 그림자 우련하거니 아직도 무슨 미련이 그리도 많아 살풋 살풋 서러워 지는지 울고 싶어지는지.

생각의 분량이 출렁이며 넘치지 않도록 조심조심 발끝에 힘을 보탠다. 바람이 슬쩍 길을 비켜서며 이마에 우주의 손길을 가져다 댄다.

모든 것에 감사하라. 상처 난 가슴을 새벽바람이 거둬간다.

맑게 헹구어진 머리를 들어 사방을 둘러본다. 그 무엇도 나를 겨냥하지 않는다. 모든 것이 감사했다.

오던 길을 내려다보니 청청한 하늘이 밝게 풀어지며 새로운 흔적을 또 새긴다.

천천히 가자

천천히 가자. 굳이 빠르게 흐르는 세상의 속도를 따를 필요가 있나.

내 호흡이 거칠어 지지 않을 정도로 천천히 가자. 늦다고 재촉할 사람 나 말고 누가 있는가. 눈치 보지 말고 욕심 부리지 말고 천천히 가자.

사는 일이 욕심 부린다고 뜻대로 되던가. 비우고 나눠서 함께 가야만이 아름다운 균형이 이루어지리라.

이 땅 위에 너와 내가 아름다운 동행을 하려면 나를 지우고 너를 드러내야 할 것이다.

그쪽에 네가 있으므로 이쪽 내가 선 자리가 기울지 않는 것처럼 서로가 하나 되어 천천히 가자. 네가 놓치고 간 것들 뒤에서 거두고 추스르며 가자. 그러다 가끔은 쪼그리고 앉아 애기똥풀이나 코딱지나물이나 냉이 꽃을 들여다보는 사소한 기쁨에도 특혜를 누리며 감사하며 천천히 가자.

동행은 재촉하거나 욕심을 부리거나 게을러서도 아니 되는 것. 그저 물 흐르듯 호흡을 고르며 그렇게 천천히, 천천히 가야 하는 것. 그러니 우리 천천히 가자.

심장의 반란

날씨가 무척이나 덥습니다. 무엇을 하는지는 몰라도 그저, 흐르는 시간을 붙잡고 싶은 심정으로 그냥저냥 살 때가 있습니다.

지금도 간헐적으로 떨리는 심장의 반란을 잠재우느라 애쓰는 중이라면 아마도 삶에 크나큰 파장이 있지 않겠습니까.

살면서 어디 놀랄만한 일이 한 두 가지겠습니까만은, 참으로 감당하기 어려운 일이 엄습하면 주변도 자신의 삶의 목표도 잠시 보이지 않는다는 걸 알았습니다.

우리네 인생이 정말, 아무것도 아니로구나 하는 생각이 가슴으로 스며들고, 이건 아닌데? 정말 이건 아니라고 고개를 흔들어도 짓누르는 현실의 무게는 막을 길이 없더이다.

내가 그리도 좋아하던 문학도 잠시 놓고, 그냥 아무 생각도, 아무 일도 하지 않고 무심한 하늘만 우러르다 밤하늘의 별빛을 좇다 '그래 이게 인생이구나' 하며 거스릴 수 없는 신의 뜻을 존중하기로 합니다. 살다보면 입 밖으로 내보내지 못할 말들, 가슴에 꼭 담아놓아야 할 말들이 어디 내게만 있겠습니까.

하루가 일 년 같던 때는 언제였던지 기억에도 없고, 지금은 일 년이 하루 같은 날들을 지나며 참으로 세월 빠르다는 걸 실감합니다.

열심히, 그리고 아름답게, 그렇게만 살고자 노력하는 마음은 변하지 않았으니 녹음이 짙어져 더욱 푸르른 어느 봄날, 어쩌면 내 좋아하는 사람들과 한자리에 앉아 그 때는 그랬었지 하고 가슴 풀어놓을 날 오지 않겠습니까.

빈 자리

연록색 잎들이 가만 가만 몸을 뒤채는 오월입니다.

그저, 바라만 보고 있어도 얼마나 싱그럽고 아름다운지. 어제 무등산에 올라 아래를 내려다보니 푸른색의 절정이 그랬습니다.

여길 잠시 비우는 동안 가장 가까운 한 사람이 예고 없이 떠나버려 마음 둘 곳이 없던 차에 그나마 자연이 내게 가져다준 신록의 아름다움에 많은 위로가 됩니다.

살면서, 가까운 사람들이 떠나버린 후에 밀려오는 그리움과 그 빈자리를 지켜보는 안타까움은 우리 모두 경험하며 살지만 그래도 공기같이 보이는 듯 보이지 않은 듯 곁에서 동무되어 살았던 사람이라면 그 강도가 더 클 것입니다.

그래도 오월의 신록을 보면서 아름다운 생각으로 아름다운 사람들을 생각하며 이 아픔을 덜어내려 합니다.

그러니 오늘 오후에는 그 찬란한 신록을 찾아 백양사 잔등을 넘어 내장사까지 빨려들어 갔다가 돌아올 참입니다.

얼마만의 나들이인지 가슴이 설레입니다.

그동안 가슴에 담겼던 슬픔의 잔해도 걷어내고 그리움도 삭힐 겸 훨훨 떠났다 돌아오겠습니다.

아름다운 인연

인연이란 참으로 아름다운 고리인 것 같습니다. 누구든 사람으로 태어나 만나고 헤어지고 하는 것이 인연이란 고리에서 파생되는 관계가 아니겠습니까. 그렇게 만나서 서로 가슴을 나누고 또 삶의 고뇌를 내놓으면서 비로소 내가 네가 되고 네가 내가 되어 한 세상을 이루는 것이 우리네 삶이라 여겨집니다.

애달픈 사연도 절실한 고통도 함께 버무려 그저 바라만 보아도 향기가 나는 그런 인연, 그런 안개꽃 같이 잔잔한 인연이라면 우리 무얼 더 바라겠습니까. 그래서 너른 지상에서 혼자가 아니라는 뿌듯함으로 힘든 세상을 헤쳐 나가게 힘을 주는 인연이야말로 아름답다 하겠습니다. 깊은 강물이 조용히 흐르듯 서로의 마음을 깊게 헤아려 주는, 그래서 더욱 아름다운 인연이라면 우린 결코 후회하지 않은 삶을 살고 있다고 말해도 될 것 같습니다.

지금은 비록 그리움으로 안타까울 지라도 지나고 보면 그런 그리움들이 아름다운 인연이 아니겠습니까. 참으로 아름다운 인연이란 함께 있을 때 아무 부담 없이 편안한 관계란 걸 새삼 깨닫지 못할 이유가 없습니다. 사랑하는 사람으로 오는 그리운 인연도 그리운 사람으로 오는 사랑하는 마음도 다 향기 나는 아름다운 인연입니다.

백사장

불임의 모래를 어루는 바람아! 발아되지 않는 씨앗들의 뒤채는 몸뚱어리의 반란을 그대로 두어라. 은빛 날개 걷어 올려 하늘을 우러르고 거품 물고 달려든 파도의 반란을 몸으로 견디며 참아 온 세월, 새파랗게 질린 아침을 깨워 밤새 헹구어 낸 맑은 몸뚱어리로 절망을 밀어 내는 그 질긴 인내나 감싸 주어라. 파도는 훠이훠이 갈매기 등 타고 아픈 공격을 해오고, 섬마다 모래는 야위어 가고 있는데 바람아! 너는 어이 술독에 빠져 야윈 모래의 몸뚱어리만 껴안고 그리도 어지러이 꿈속을 헤매느냐. 밤마다 꿈같은 사랑을 키우던 어린 날의 기억은 저리도 생생한데 바람아 너는 어이해 발정난 짐승의 울부짖는 소리로

잉태하지 못하는 은모래의 가슴만 그리도 헤집는단 말이냐. 해풍의 숨결이 거칠고 하늘에 먹구름 덮히는 날 서슬퍼런 파도의 칼날에 베어 하얗게 질린 백사장에 여물 수 있는 씨앗 하나 던져 주어라.

그 씨앗이 싹이 터 자라면 그때 우리 축배를 들자.

우리 그렇게 하자.

5

세월의 강

이사

이사를 했습니다.

공기가 청정하니 좋다고 그이가 하도 꼬드기는 바람에 무등산 가까운 곳으로 이사를 했습니다. 더 늙기 전에 산엘 다녀야 한다나요. 그래서 옮겼는데 부엌에서도 산이 보이고 침대에 누워서도 산이 보여 좋습니다. 거실 소파에 앉아 무등산을 바라보며 그래 저 산만큼은 아니더라도 묵직하게 그리고 조용하게 그러면서도 모두를 품어주는 넉넉함으로 살아야겠다고 다짐도 해 봅니다.

다실에 앉아 차를 우리면서도 눈 안에 들어오는 자연을 바라보며 그래, 저렇게 꾸미지 않아도 그 자체로 우리에게 평안함을 주는 저 신비스러운 자연스러움을 닮아야 한다고 마음도 다져봅니다.

사람도 저와 같이 꾸미지 않아도 그 자체로 향기로운 사람이면 얼마나 좋을까. 그런 간절한 마음이 오늘따라 하염없이 차오릅니다.

어린 시절에는 산이니까, 들이니까, 그저 늘 그렇게 그 자리에 있으니까

소중한 줄을 몰랐는데 나이가 깊어갈수록 어쩌자고 이렇게 자연이 좋은지 모를 일입니다.

새 울음소리 닭 울음소리 절에서 목탁 치는 소리까지 덤으로 들으며,

'그래 이렇게 사는 것도 참 좋구나' 하는 생각이 들어 요즘 참 행복합니다.

내 고향 우전리

고향엘 다녀왔습니다. 어릴 적 내 소원은 마당 한 귀퉁이에다 꽃밭을 가꾸는 것이었습니다. 그래서 비 내리는 날이면 동무 집에 가서 꽃모종을 흙과 함께 한 웅큼씩 들고 오곤 했었지요. 그 때는 채송화나 봉숭아 백일홍 맨드라미가 고작이었지요.

그래도 내가 책임져야 할 꽃밭이 있다는 것이 더없이 즐거웠습니다. 떡잎에서 겨우 서너 개 정도의 본 잎이 나온 어린 모종에 대한 간지러운 애정, 지금 이 나이에 가장 하고 싶은 게 철없고 귀여운 계집애의 흙장난이라면 여러분들은 웃으실 겁니까.

아마도 초등학교를 다녔던 내내 난 그런 흙장난을 했던 것 같습니다.

어느 날은 학교 화단에 있는 꽃모종까지 탐내어 내 꽃밭에 옮겨 심었으니 말입니다. 그래서 담임선생님께선 봄이면 손수 꽃모종을 솎아내어 내 손에 들려주곤 했었지요. 그런 내 마음을 읽고 내 손에 넉넉한 모종을 건네주었던 이한양 담임선생님의 이름을 잊을 리 없습니다.

그렇게 어린 시절이 고스란히 담겨있는 내 고향에도 슬픈 일이 있었습니다. 내 어렸을 때는 그리도 고왔던 꽃각시가 어느새 늙어 노망이 들어 있었습니다. 노망이란 무엇일까요. 돌이킬 수 없는 옛날을 돌이킬 수 있을 것처럼 여기는 착란, 변하게 되어있는 것을 변하지 않게 붙잡아 두려는 고통스러운 망상, 그것도 아니라면 죽음이 보이는 시점에서 어린 시절로 돌아가려는 퇴영이겠지요. 특히 시골에 있는 사람들이 심신이 쇠진해갈 무렵이면 그런 증상들이 더 심하다고 합니다.

그리보면 시골뜨기보다는 고향 같은 것 없다고 공언할 수 있는 도시 사람들이 훨씬 담백하고 품위 있게 늙어갈 수 있을 것 같다는 생각도 듭니다.

그래도 난 그런 삭막한 공간에서의 추억보다는 아직도 내 어린 날, 꽃밭 가꾸던 흙냄새 나는 고향이 좋은 걸 어찌합니까. 그렇게 고향은 내 어린 날의 추억을 하나도 손상하지 않고 고이 간직하고 있었습니다.

작은 농장

시골집 앞뜰에다 작은 농장을 만들었어요. 농장이라? 말이 농장이라는 거지요. 기계의 힘을 빌려 텃밭을 갈았으니 동네 사람들이 작은 농장이라고 합니다.

하루는 주변 풀을 좀 뽑아내고 그 다음날에는 모종을 준비하고 드디어 심기시작했지요. 매운 고추와 맵지 않은 고추, 꽈리고추와 피망. 거기다 오이, 호박, 가지, 그리고 수박 참외. 또 곁에다는 무우와 열무도 심었다오. 주변으로는 들깨모종을 심고 상추씨도 뿌렸으니 이만하면 농장이라고 할 수 있지요?

농사일이란 얼마나 꼼꼼하고 부지런해야 하며 시기를 놓치면 그만이라는 단어가 과감하게 붙어 다니니 부지런을 떨고 나면 온몸이 노곤해지지요. 그렇게

만 하면 농장이 새파래지고 기적처럼 열매가 열립니다. 흐뭇하게 그걸 바라보고 있으면 홀로 있어도 외롭지 않아요.

그렇게 가꾸어 놓은 것들은 순전히 그곳을 방문한 사람들 것이지요. 병어 철부터 여름 민어 철까지 저희 집을 찾는 손님들이 손수 고추도 따고 오이와 깻잎도 따는 기쁨을 드리게 하고 싶어서이기도 하구요. 민어가 한창 나오는 그 어느 날, 제가 초대할께요. 그렇게 심은 야채들이 작은 농장을 풍성하게 채우는 어느 봄날 말입니다.

6월의 들녘

유월의 푸른 들녘에는 점점이 잔설로 찍힌 새하얀 개망초 꽃이 지천이다.

어디를 가도 무더기로 무리지어 피어있는 작고 하얀 그 꽃이 얼마나 어여쁜지 눈길을 떼지 못하겠다.

멀리 보면 메마른 대지 위에 흩뿌려놓은 눈꽃 같고, 가까이 다가가 보면 말갛게 웃는 하얀 아기 얼굴 같다.

가는 허리를 간질이는 실바람에 몸을 비틀며 그리 환하게 웃는 개망초 꽃은 산딸기만큼이나 진한 유월의 그리움이다.

무등산 자락을 내려오다 가만히 다가가 그 꽃 속에 파묻혀 한참이나 놀다 왔다.

내 살던 고향 사람들같이 소박하고 정겨운 개망초 꽃은 유월의 다정한 벗이기도 하다.

유월의 꽃 개망초는 내겐 하얀 그리움이다.

아름다운 계절

9월이 다 가기 전에 어딘가 한 번은 다녀와야겠다고 벼르다 차를 몰고 무작정 떠났습니다. 가다가 꽃이 어여쁘면 꽃을 보고, 정자가 있으면 거기 잠시 쉬었다가 벼이삭 노릇노릇 익는 논둑에서 행복하게 웃는 아낙과 잠시 잡담도 놓치지 않았습니다.

어디쯤에선가 굽은 등 애써 일으키며 절름절름 관절염 탓하는 할머니의 깊은 한숨소리에 발목이 잡혀 할머니를 차에 태워 집 앞에 모셔다 드렸습니다. 할머니께서 한사코 정이라며 주는 고추와 마늘을 차에 싣고 나오다 가게를 찾아들었습니다.

저 몸으로 어떻게 지은 농사인데 땡볕도 마다하지 않고 고추밭에서 살았을 것인데, 어찌 그것이 목에 넘어가겠습니까. 마음에 걸려 과일가게를 찾아가 배 한 상자와 쉽게 끓여 먹을 라면 몇 봉지와 달콤한 사탕을 샀습니다. 내 그런 마음을 덜어내고 나오려니 때가 되었으니 밥이라도 먹고 가라며 소매를 잡아당기는 할머니와 할아버지, 그래도 추석에는 자식들이 다녀간다며 그렇게도 환하게 웃으실까요. 자식이 무엇이길래 고추 한 자루 빻아서 싸놓고 참기름 병마다 담아놓고 흐뭇하게 기다리는 마음을 자식들은 알기나 할까요.

밥상에 올려놓은 김치와 짜디짠 젓갈, 할머니는 뒤란으로 돌아가 늦고추가 굵게 열렸다며 그만저만하게 따오시더니 젓갈에 찍어먹으면 그만이라고 내 손에 굵은 고추 한 보따리 들려주셨습니다. 그래, 시골살이가 이리도 고단하고 힘든 것을 자식들은 짐작도 못할 것입니다.

고추 팔고 참깨 팔면 고기근이라도, 생선 한 토막이라도 사다가 두 양반 숟가락 가분가분 드실 수 있으련만 그것마저 자식들을 위해 저렇게 쌓아 놓고도 정작 당신들은 김치에 젓갈도 화려한 밥상인 양 저리도 만족 하실까요. 이 고추와 젓갈이면 두 그릇도 부족하다는 할머니, 나 또한 한 그릇을 다 먹고 나니 점심은 특식이었습니다. 배 한 상자와 라면 몇 봉지가 그 분들에게 그렇게도 큰 선물이었을까요.

할머니는 두 홉들이 소주병에다 참기름을 따라주며 나물 무쳐 먹으라고 손에 또 들려주십니다. 자식들 주려고 농약을 적게 쳤다는 고춧가루도 퍼내십니다. 괜찮다고 손사래를 치고 나오는데 그러는 게 아니라고 늙은이들의 성의를 무시하면 못쓴다고 간절하게 안겨 주어 차마 거절 못하고 가져오려니 또 마음이 무겁습니다.

하루를 여기저기 돌아다니다 늦은 시간에 집에 오니 차 속이고 집안이고 참기름 냄새가 진동합니다. 아니, 할머니 할아버지의 정스런 향기가 가득합니다.

가을이 익는 소리

오늘은 갈대들 몸 비비는 소리, 낙엽 떨어져 뒹구는 소리, 나락의 허리를 줄줄이 휘러 잡고 농부가 뿌렸던 땀방울을 거둬들이는 콤바인 소리, 스산한 바람이 얻어온 산새들 노래 소리, 거기다 감 익어가는 소리까지 듣고 왔습니다.

파란 잔디밭, 거기 잠깐 앉아 내 살아온 삶과 언젠가 호수 앞에서 벗과 곱게 앉아 차를 마시던 시간들도 주워와 그 푸른 잔디밭에 곱게 수놓아 보았습니다.

그리고 나처럼 마음이 스산해서 나온 여인의 선선한 눈빛에서 또는, 쓸어 넘긴 백발 노신사의 머리에서, 그리고 그네들의 웃는 눈가의 잔주름에서 지리하게 견뎌온 삶도 엿보고 돌아왔습니다.

그러다 곱게 물들어가는 단풍잎처럼 아직도 연분홍빛 얼굴, 그 홍조 띤 얼굴에 미소가 번지는 젊은 여인의 집에서 벗과 마시던 술도 몇 잔 마시고 왔습니다.

처음 보는 얼굴이지만 결코 낯설지 않은 그녀와 잔도 부딪쳐 보며 한참 웃었습니다. 그 소리는 아마 가을을 더 붉게 익게 했을 것입니다. 그런 나를 아휴! 하며 철없는 어린애 바라보듯이 친구가 한참이나 쳐다봅니다.

그래! 너 나더러 언제 철들래 신영아! 하고 말하려고 그랬지? 귀신이 따로 없다며 호호거리는 어린애 같은 내 친구, 운전기사 노릇 하겠다고 그 즐겨마시던 매취순도 마다며 꾹 참는 친구의 볼이 단풍잎만큼이나 고왔습니다.

시간이 흐르고 노을이 곱게 물든 서녘을 바라보며 가을이 깊어 간다는 것도 짐작했습니다. 그리고 아직은 아기단풍나무가 물들기 연습을 하고 있더라는 것도 끝으로 여기 놓고 갑니다. 오늘은 가을이 익어가는 소리들만 내 친구와 함께 그렇게 거둬온 겝니다.

가을과 겨울 사이

어느 날 갑자기 가을을 놓치고 있었다는 걸 깨달은 것은 집 부엌에서 뒷산을 바라보면서였다.

한 해의 끝자락 어디쯤에서 푸른 산이 붉은 색으로 물들면 나는 가을이란 계절을 감지하곤 하였는데 올해는 어쩌자고 놓치고 있었을까.

그러다가 11월 경주에서 열리는 세계 한글 작가 대회에 참석하였다가 아직 가을이 끝나지 않았다는 걸 알았다. 세미나를 뒤로 하고 가을을 찾아 나섰다.

가을과 겨울사이 옆 호수에는 곱게 몸을 풀어 놓은 물풀들이 참 아름답다. 어떤 화가가 그린 그림이 저리 생생할까. 가벼워서 물에 동동 떠있는 물풀들은 그 무엇도 걸치지 않은 맨몸이었다. 그래서 저리 물

위에 떠 자유로운 몸으로 가볍게 몸을 푸는 것이다.

1년을 다 견디고 난 후 나뭇잎들은 푸른 이파리에 각가지 색깔의 무게를 실어 떠날 채비를 서두르고 있었다. 곱다. 어디에서 이런 고운 색이 왔을까.

나는 솔밭에서 솔향을 맡을 때처럼 한 해를 다 살고 떠날 채비를 서두르는 낙엽위에 발을 올려놓으며 가을의 향기를 맡는다.

사람은 추우면 옷을 껴입는데 나무는 왜 이맘때가 되면 옷들을 벗어 던질까. 나무를 안고 말을 얹었다. 어찌 이리 고운 옷을 다 벗느냐고. 나무가 말했다. 다가올 푸릇한 새봄을 준비하려면 지금 옷들은 다 벗고 휴식을 취해야 한다고.

우리도 나무들처럼 새로운 것으로 채우려면 그동안 욕심껏 안고 있던 것들을 다 내려놓아야 한다. 무엇을 버리지 못하고 꼭 붙들고 있었던가.

나는 나무를 물끄러미 바라보며 절대적인 교훈 하나를 가슴에 담는다. 비워야 다시 새롭게 채울 수 있다는 진리를.

가을 나들이

그리움으로 붉은 계절 그래서 지치고 마는 내 인내심. 결국 감보다 더 붉게 익어 버린 마음을 다독여 도시락 챙겨들고 나선 가을 나들이, 기차를 탔고 보성의 예당이란 곳에 내렸지요. 아주 넓고 맑은 호수에 마음을 부려놓고 넋을 잃고 물빛을 바라보는데 왜 마음은 퍼붓는 빗속 같은지.

가는 바람에 곱게 밀리는 물살같이 잔잔한 그리움이 잔물지며 스며들고 가끔 날아와 노니는 물새의 날갯짓이 갈대 사이로 헤집고 눈 안에 들어오면 아! 그리운 사람이 기어코 생각나는 가을이로고.

산은 아직 절정에 이르지 않고 가을이 깊지 않았

는데 어쩌자고 나는 이리 외롭고 힘이 드는지. 볕은 따스해 마음까지 시렵지 않아 좋았으나 스산한 마음 비워지지 않으니 그게 서럽구나. 그래, 가을이니 그런가 보다. 그래, 낙엽 지니 그럴거야. 그래, 잘 익어 붉은 감처럼 누군가의 시선을 알차게 하고 그래, 물빛 고와 성내지 않은 호수가에 앉아 숨마저 쉬어지지 않지만, 꽉 찬 마음 부려 놓고 가라며 너른 가슴 내어 놓고 기다리는 호수가 있는데 이것 또한 감사할 일이 아니겠는가.

되돌아 다시 기차를 타니 코스모스가 잘가라며 한들거리고 억새가 부드럽게 손짓하니 가을은 이래서 아름다운 것을 가을은 이래서 고운 것을.

노 시인의 출판기념회

어젠 가을의 소리를 듣고 왔습니다. 갈대들 몸 비비는 소리, 낙엽 떨어져 뒹구는 소리, 벼의 허리를 휘어잡고 낫질하는 농부의 거친 숨소리, 스산한 바람이 얻어온 산새들 노래 소리, 거기다 감 익어가는 소리까지 듣고 왔습니다. 노 시인의 출판기념회가 열리는 곳도 여분의 여름이 아직도 남아 있는 듯 잔디가 파래서 좋았습니다.

노 시인의 선선한 눈빛에서 쓸어 넘긴 백발의 머리에서 그리고 웃는 눈가의 잔주름에서 지리하게 견뎌온 삶을 엿보았습니다.

그러나 곱게 물든 단풍처럼 화사한 노 시인의 밝은 웃음이 참 고왔습니다. 음악이 낮게 깔리는 아늑한 산속 어디쯤에서 우리는 이색적인 출판기념회에 참석하여 자연이 내뿜는 가을의 향기와 가을의 소리를 들으며 술잔을 들어 허공에 올렸습니다. 쨍그랑! 하고 부딪히는 소리가 가을을 더 맑게 헹구어 냈습니다. 노을이 곱게 물든 서녘을 바라보며 가을이 깊어간다는 것도 알았습니다.

가을의 소리를 들으며 어젠 노 시인의 출판기념회를 다녀왔습니다.

노인과 녹슨 좌판

모처럼 양동시장엘 갔다.

어물점 주인이 오랜만이라며 반긴다. 어머니가 좋아하는 갈치와 병어를 사들고 모처럼 구경삼아 시장 깊숙이 몸을 집어넣는다. 비릿한 생선 냄새처럼 사람들의 모습에서 삶에 찌든 냄새가 코끝을 자극한다.

녹슨 좌판대 위에 두어 뭇 마른굴비를 올려놓고 지나가는 행인들에게 애처로운 눈빛을 보내는 노인에게 눈길이 머문다. 노인의 생계가 고단해 보인다. 손등에 지렁이처럼 꿈틀거리는 혈관과 온몸으로 떠받치는 삶의 무게가 처진 눈꺼풀 같이 노인의 어깨를 짓누른다. 생선 뭇은 사람들의 눈길은커녕 그 흔한 손때도 묻혀보지 못한 것 같다. 생계를 풀어 줄

열쇠는 더 녹이 슬고 노인의 찌든 삶은 돌처럼 무겁게 좌판을 내리 누른다.

나는 노인을 아저씨라고 부른다.

노인의 눈에 생기가 돈다.

계획에 없던 생선이 내 장바구니에 담기고 푸른 현금 몇 장을 받아든 노인의 얼굴이 환하다. 고단한 삶을 사는 노인의 모습이 내 삶을 뒤적인다. 입장을 바꿔 생각해 본다. 나는 신께 감사하다는 말을 안으로 삼키며 비릿한 냄새를 뒤로하고 시장을 벗어난다.

누름돌

어릴 적 어머니께서 냇가에 나가 넓적하고 두툼한 돌을 주워 오시던 기억이 난다. 바로 '누름돌'이었다.

반들반들한 누름돌은 거칠고 불쑥 불쑥 올라온 장아찌 독이나 김치 독 위에 올려 그 무게로 숨을 죽여 제 맛을 내게 하는 맛돌이기도 했다.

생각해 보니 옛 어른들은 가슴에 누름돌 하나씩을 품고 살았던 것 같다.

시어머니의 매운 시집살이로 자꾸만 올라온 감정도 누르고 시누이들의 못된 행동도 지그시 누르고 가난하여 고단한 삶을 누름돌로 꾹꾹 누르며 견뎌냈을 것이다.

요즘 그런 누름돌이 내게도 하나쯤 있었으면 좋겠

다. 스쳐가는 말 한 마디에도 상처를 받고, 이건 아닌데 하며 또 마음 다치고, 저건 아닌데 하며 가슴에 생채기가 나는 아픔들을 꾹 눌러줄 누름돌. 욕심내다 깨어진 그런 저런 감정들을 그냥 지그시 눌러 삭혀줄 그런 누름돌 말이다.

아픈 만큼 곱게 다듬고, 힘든 만큼 지혜롭게 지나가게 하는 스승 같은 누름돌. 그래서 내 삶이 안으로 발효되어 밖으로 향이 나게 하는 조금은 무거운 누름돌 하나쯤 있었으면 싶다.

치유의 약

세상에 태어나 한발 한발 내딛을 때마다 험하지 않은 길이 어디 있던가. 고해의 바다에 배를 띄우고 험난한 풍랑을 헤쳐 나갈 때마다 선체가 뒤 흔들리는 것이 어디 한 두 번이었던가. 때로는 감당하기 어려운 험난한 길로 때로는 거센 파도의 소용돌이 속으로 말려들어 온 몸이 찢기어 피투성이가 되기를 여러 번.

그렇게 할퀴고 간 생채기에 진한 눈물이 고여도 세월이 흐르고 나면 그 눈물이 심지 되어 어두운 가슴에 밝은 꽃불 하나 피워낼 것이니.

겨울과 봄 사이 춘설의 꽃샘추위에도 아랑곳없이 일어서는 들꽃처럼,

시절이 가면 화사하게 치장될 것이니 상처받은 영혼으로 이제는 절망하지 말지라. 이 세상에 존재하는 것들은 상처받지 않은 것이 하나도 없나니 슬프면 슬픈 대로 기쁘면 기쁜 대로 하염없이 떠도는 하늘의 구름을 보라. 그렇게 지나다보면 어느 날 치유의 약을 발견하게 될지라.

뒤돌아보니

살아온 세월이 아름다웠다고 비로소 가만가만 고개 끄덕여 봅니다. 우아한 집에서 왕비처럼 살아야만이 아름다운 삶은 아니기에 이쯤에서 살포시 웃어봅니다. 길지도 짧지도 않았으나 지나온 길에는 그립게 찍혀진 발자국들도 고운 사람들과의 잊혀지지 않는 많은 일들도 이제 와서 돌아보니 다 의미 있게 수놓아져 있음을 알았습니다. 그래서 내가 살아온 지난날들은 수고로웠으나 아름다웠고 아름답기에 돌아볼 수 있다는 생각이 듭니다.

앞으로도 결코 흔들리지 않고 그저. 순리대로 성실하고 정직하여 맑고 밝게 살 것이며, 작아도 알차고 가치 있게 살면서 작은 가슴 가득 사랑만 담아 이웃과 벗하고 사랑하는 사람들과 짝하여 어깨를 나란히 동행하렵니다. 그러면서 그래, 그랬었지 하며, 고개 끄덕일 수 있도록 그리 살아볼 작정입니다.

그것들은 보석보다 아름답고 귀중한 우리들의 추억의 재산이 될 것이기에 우리만이 아는 세계에서 알록달록 사랑을 건네며 살아볼 것입니다.

세상에서 성공한 것도 아니고 그렇다고 실패라고 단정 지을 수는 없으나 우정과 사랑만은 늘 내 것이었으니 하는 말입니다. 그리운 님들이 내 가슴에 자욱져 있듯이 나 또한 그 님들의 가슴에 영원히 스며들어 살아 있고 싶습니다.

살아간다는 것은 늘 고통이나 즐거움입니다. 살다가 지칠 때 가끔 뒤돌아보면 투명하게 떠오르는 아슴아슴한 추억들이 참 반갑고 고맙지 뭡니까.

산책

상무공원엘 갔다.

어린이날인지라 아이들을 위한 이벤트가 여기저기 열려있었다. 아카시아 향내를 따라 산책을 했다. 쑥쑥 자라는 초목들의 수런거림을 들으며 오솔길을 걸었다.

공원이라는 개념을 벗어난 작은 산속이었다. 산을 그대로 살려 길을 내고 나무들을 보존하여 꽃들을 곁들인 아름다운 공간이었다.

작은 호숫가에 있던 두릅나무는 봄 입맛을 찾은 사람들의 손에서 해방되었는지 새순이 자라서 수북하니 올라와 있었다.

그 옆 무각사를 돌아드니 아이들이 아카시아 꽃향

기에 취해 비틀거리고 있었다. 엄마 손에 매달려 서툴게 걸음마를 배우는 아이는 또 얼마나 예쁜지. 그 아이의 누나인 듯한 꼬마 아가씨는 넘어진 동생의 옷자락을 털어주고 꼬막손을 호호 불어주며 엄마보다 걱정이 더 많다. 너무나 자연스럽고 아름다운 풍경을 보니 가슴이 따뜻해졌다.

우리도 저렇게 넘어지면 손잡아 일으켜주고 아프면 호호 불어주며 살아야지. 미운 것 없이 곱게만 감싸주고 싶은 계절 오월, 꽃보다 아름다운 모습들을 보고 있자니 사랑하는 사람들이 생각난다.

신록보다 더 신선한 푸릇한 아이들의 모습이 오월을 더 푸르게 하고 지친 마음을 견디게 하며, 무거운 머리를 헹구게 하는 신선한 세정제다. 오월은 그래서 더 아름답고 그래서 더 푸르른 것이다.

청산도의 바람은 맛이 다르다

완도항에서 한 시간 남짓 뱃길을 달려 도착한 섬은 초입부터 조용하다. 선착장에서 오른쪽 길로 3분 정도 차를 타고 오르니 야트막한 고갯길이 나온다. 고갯길을 따라 정상에 올라 오른쪽으로 눈을 돌리니 서편제 영화 속 그 장면이 우릴 반긴다. 영화 속의 그 모습과 사뭇 다른 돌담길, 그 길을 걷고 있자니 어깨춤에 진도 아리랑 한 구절이 저절로 흥얼거려진다. 돌담길 옆의 푸른 밭이 멀리서 볼 때는 보리밭인 줄 알았는데 막상 가까이서 보니 마늘밭이다.

보리밭이면 어떻고 마늘밭이면 어떠랴. 때마침 마늘밭에서 일을 하고 계시던 아주머니께서 반찬 해 먹을 수 있는 마늘쫑을 거저 가져가라고 하신다. 공연히 일하는데 구경 다니는 것만 해도 미안한데 반갑게 맞으며 인심을 베푸는 시골의 다정한 정이 따뜻하게 가슴을 파고든다.

돌담길에 서서 선착장 해안가 쪽으로 내려다본 풍경은 한 폭의 그림이다. 그 시원스럽게 탁 트인 풍광을 그대로 전달해 줄 수 없음이 아쉽다. 이 돌담길 언덕에서 내려다보는 해안의 풍경은 우리가 흔히 이야기하는 수식어 적인 한 폭의 그림이 아니라 그야말로 감탄을 자아낼 수밖에 없는 절경이다. 내가 만약 화가였다면 그 아름다움을 그대로 화폭에 담았을 것이다.

이곳에서 맞는 바람은 어찌나 시원하고 달큰한지 첫사랑의 향기처럼 바람 맛이 다르다.

시간이라는 것

시간이 많은 줄 알았다. 사랑도 효도도 그리고 나만을 위한 일들도 내 야윈 세월을 들여다보며 시간이 얼마나 무심한지, 그 누구를 위해서도 시간은 기다려 주지 않는다는 것을 이제야 알 것 같다.

여기까지 오는 동안 어혈진 피멍들과 안으로 삭힌 언어들, 그리고 아직 못 이룬 꿈들이 들고 일어선다.

사무엘은, 짧은 인생은 시간의 낭비에 의해서 더욱 짧아진다고 말했다. 그렇다면 나는 그 시간 속에 무엇을 채웠을까.

살수록 서툴기만 한 인생살이 사람들은 이제 제법 잘 살아가고 있다고 말하는데 사는 게 아직도 서툰 나는 더운 눈물이 많고 가슴이 비워 허전하고 사랑에 목마르니 이게 어찌된 일일까.

시간을 시간이게 하며 사는 줄 알고 그리 살려고 애쓰며 여기까지 왔는데 헛 산 것 같으니 이를 어찌 할거나.

내게 시간은 끝이 없을 줄 알았더니 어느덧 나도 시간을 헤아려야 하는 시점에 닿아있구나.

한세상 사는 것도 밤 강물에 비친 달그림자 같고, 꽃같이 어여쁜 사랑도 낙엽처럼 지고 말 것이나 그래도 내게 남은 시간이 있으려니, 그리운 사람들이 있으려니 이제 미루고 미루었던 일들을 서둘러야 하리.

가슴이 터지도록 사랑하는 사람들도 만나야 하리. 겨울이더니 봄이고 봄이더니 여름에 닿아 있는 이 빠른 계절의 변화 시간은 또 기어코 가을을 우리 앞에 앉힐 것이다.

그리하여 나는 화창한 오늘, 가장 소중한 사람들에게 그리고 사랑하는 사람들에게 그립다, 보고 싶다, 사랑한다고 더 늦기 전에 편지를 써야 하리.

한 해를 보내며

한 해의 시작이 엊그제 같은데 우린 이미 끝에 닿아 있습니다.

어찌 보면 우리가 늙어가면서 가만히 있는 세월을 탓하는 것인지 도무지 알 길이 없지만, 하여간 우린 또 한 해를 다 써버리지 않았습니까.

돌아보면 남는 건 추억뿐이니 그래도 얼마나 다행입니까.

추억을 돌아볼 때 비로소 성장한다고 합니다.

우리의 마음이 맑고 순수해지는 것은 추억의 성장과 비례하기 때문이겠지요.

어떠한 추억도 답이나 결론을 가지고 있지 않지만, 그것은 우리에게 따스한 위안으로 다가서지 않습니까. 우리가 가장 순수할 때, 혹은 가장 아름다울 때 우리만의 색깔로 물들었기 때문일 것입니다.

지금, 실하지 못한 한 해를 붙들고 안타까워하고 계십니까?

아직도 12월이 남아 있습니다.

충분하지는 않겠지만 자신을 정리하고 추스르는데 부족하지 않은 시간입니다.

세월의 속도

세월 참 빠르다더니 그런 것 같습니다. 언제는 겨울이라고 하더니 지금은 봄이라하고 엊그제는 1월이라고 하더니 그새 2월이라기에 그렇습니다.

어제는 봄비가 촉촉하게 내리는 교정을 내려오며 조잘거리는 젊은이들의 언어를 엿들었습니다.

3월에 부산에서 배를 타고 일본 여행을 가자는데 가는 날 배에서 1박, 다음날 일본에서 1박, 그리고 돌아오는 날 배에서 1박하는데 그 비용이 198,000원이라며 그렇게도 좋아할까요. 혼자 빙그레 웃으며 그래, 좋기도 하겠다. 얼마나 신이난 목소린지, 얼마나 푸르고 해밝은 꿈들인지, 나도 대학 때 저렇게 목소리가 맑았을까, 그 웃음소리가 그 팔딱거리는 발걸음이 얼마나 건강해 보이는지. 그래, 나도 저만 땐 그랬을 거야. 젊음, 그들의 목소리가 그들의 움직임이 참 부러웠습니다.

젊은 시절, 노 교수가 창밖을 내다보며 했던 말을 지금은 내가 추억하고 있다니, 또 허허 웃음이 나왔습니다. 화살 같은 세월의 질주를 그 누가 막겠습니까. 그냥 저냥 받아들이며 젊은 날을 추억하며 사는 것이지요.

연둣빛 세상

비가 올 때마다 자연의 온갖 생명의 풀무질이 시작되더니 그 힘찬 발돋음으로 연둣빛 세상이 열리더이다.

보기에도 벅찬 신록의 오월을 맞으며 마음 또한 얼마나 푸르던지, 그 연한 속살이 여물기 전 나는 자꾸만 그 연둣빛에 홀려 자연 속으로 빠져들지요. 티없이 맑고 고운 오월의 숲과 넓은 들녘의 식물들, 누가 굳이 부추기지 않아도 충분히 감격할 수밖에요.

오월의 그 싱그럽고 경이로운 축제를 혼자서 축복받은 듯 마음은 얼마나 들뜨던지요.

나뭇가지마다 꽃이 피어나고 숲에서는 새들의 노래가 시작되고 시냇가 물소리는 감미롭던 내 유년의 추억을 새싹으로 피어내니 어찌 여왕의 계절 오월을 찬미하지 않으리요.

아름다운 눈과 귀 그리고 아름다운 마음이 있어야 자연도 아름답게 보인다고 합니다. 그러니 우리 새싹 푸르른 봄날, 물오른 수목처럼 싱싱한 장미꽃 사랑을 보듬어 보면 어떨런지요.

다낭에서

아이들이 예약한 다낭 빈펄 빌라식 리조트.

처음에는 하룻밤에 120만 원이라는 턱없이 비싼 값 때문에 정신이 있느냐 없느냐며 나무랐는데 와서 보니 정말 잘했다는 생각이 든다.

가족끼리 함께하는 시간들이 가격과 어찌 비교가 되겠는가. 함께 웃고 함께 즐기는 소중한 시간들, 그리고 너무나 편안한 시설들에 감탄하며 우리는 서로에게 감사했다.

다낭과 호이안의 이국적인 풍경을 감상하며 발전되지 않았지만 정스러움이 가슴에 와 닿았다. 고즈넉한 호이안 올드타운의 풍경을 즐기며 색다른 음식을 맛보는 것 도 좋았다. 바구니 보트를 타며 베트남 현지 뱃사공이 불러주는 노래를 같이 흥얼거리며 '추억'이라는 값진 경험을 얻을 수 있었다. 3박 4일의 일정 동안 베트남 다낭을 다음에 또 오자는 걸 보니 이번 가족 여행도 성공한 셈이다.

도쿄

일본에 올 때마다 느끼지만 우선은 거리가 깨끗하고 조용하다. 보이지 않은 곳 사람이 북적거리는 거리일수록 더 그렇다.

우리나라 명동과는 사뭇 다르다. 모든 생활공간이 비좁기는 하지만 그들은 불편하게 생각하지 않는다.

우리만 불편하게 생각한다. 호텔의 화장실을 사용하면서 참 좁다는 생각이 들었고 많이 답답했다. 한국에서의 생활 습관 때문이리라.

일본은 "모방은 창조의 어머니다"가 모티브인 나라다.

1960~70년대 세계최고 최대의 모방국가, 표절국가로 명성이 자자했던 나라가 아닌가.

오죽하면 백인(기업인)이 일반 일본인(관광객)만 보면 산업스파이가 아닐까라는 지레짐작으로 산업스파이로 신고했을까. 오늘날의 중국을 보는 듯하다.

지금도 세계 3위권의 경제대국 모방국가인 일본을 좇아가기 버겁다.

일본은 섬유, 기계, 전자, 과자, 자동차, 부품산업 등 엄청난 모방과 표절로 유명하다. 그런 나라가 선진국 3위다.

그것뿐이 아니다. 일본은 영웅을 만들 줄 안다. 일본은 영웅과 스타를 더 크고 화려하게 치장하여 명품으로 만든다. 그리고 응원도 아끼지 않는다.

그와 반대로 한국은 영웅과 스타를 죽이는데 애를 쓴다.

그것이 일본과 한국의 차이다.

일본의 국민성 그리고 가치관과 문화, 겉치장만 화려하고 속으로 곪아있는 한국보다는 훨씬 우월하다는 생각이 드는 건 내 잘못된 생각일까.

스위스의 밤과 낮

스위스에서 새벽달을 보았다. 시차 적응이 안 되어 1시면 영락없이 눈을 뜬 탓이다.

잠시 밖으로 나와 하늘에서 외롭게 지나는 달을 훔쳤다. 아무도 없는 밤, 달은 늘 외롭다. 두 눈을 크게 뜨고 보아도 부드럽고 연한 빛은 눈을 자극하지 않는다.

오늘은 내가 너와 친구다.

달이 지나간 자리에 안개 같은 어둠이 내렸다. 잠시 세상은 침묵에 휩싸인가 싶더니 짙은 어둠을 가르고 새벽이 열렸다.

동이 트는 아침. 난 해를 맞이하기 위해 분주하다.

하루를 시작하기 위해 몸을 단장하고 옷을 갈아입

고 거룩한 시작의 처음을 빛으로 열었다.

붉게 타오르는 해를 맞으며 웅장한 시작을 보았다. 그러나 해를 볼 수 있는 시간은 짧았다. 빛이 너무 강해 눈이 부셨다. 더 이상 쳐다볼 수 없는 강한 빛은 어둠을 삽시간에 몰아냈다.

밤과 낮의 차이, 보이거나 보이지 않거나 언제나 그 자리에서 묵묵히 제 몫을 다하는 달과 세상을 환히 드러내 보이면 안 될 것들까지 훤히 드러내고 마는 해는 우리에게 깊은 교훈을 안겨 준다. 묵묵히 자신의 일을 하고도 드러내지 않은 사람과 굳이 드러내지 않을 것까지 드러내서 자신의 위치를 조금이라도 상승시키려는 사람과의 차이랄까. 아무튼 나는 생각이 깊어진다.

지금 세상은 어둠과 빛으로 나눠지고 있다. 빛과 어둠, 그러나 어둠이 있기 때문에 빛이 더 소중한 것이다. 단 한 번도 마주친 적이 없지만 달과 해는 한결같이 그 자리를 지키고 있다. 서로 자리를 바꾸려 욕심내지도 않고 다만 달은 밤을 해는 낮을 돌며 제

몫에만 최선을 다할 뿐이다. 우리도 서로에게 소중한 가치가 되어 주어야 한다. 그러려면 배려가 필요하고 이해가 필요하다. 자신의 자리에서 최선을 다한다면 아마도 빛과 어둠은 갈리지 않고 서로를 응원하며 제 이치에서 귀하게 빛나지 않을까.

걸어서 만나는 호이안의 밤

다낭에서 택시로 20분 거리 호이안, 조용한 분위기와 세련된 시설, 현대적이면서도 따뜻함을 잃지 않은 건물들을 보니 편안함이 느껴졌다. 호이안 구시가지의 밤은 수백 개의 렌턴이 불을 밝히며 시작되었다. 형형색색의 빛이 투본강 위로 쏟아지면 여행자들은 저마다 자기가 만든 등에 소원을 담아 강 위로 등불을 띄워 보냈다. 이 마법 같은 풍경의 한 조각을 직접 내 손으로 만들어 보는 경험은 호이안의 여행을 더욱 기억에 남게 할 것 같다.

호이안의 야시장은 단순한 시장을 넘어, 문화와 예술, 거기다 맛이 어우러진 종합적인 체험 공간이었다. 밤이 되자 강변을 따라 말목등과 화려한 전등들이 길거리를 환하게 밝혀, 마치 동화 속 한 장면과 같은 분위기를 만들어 냈다. 이 야시장의 가장 큰 매력은 전통적인 베트남 수공예품부터 현대적 디자인의 제품까지, 선택의 폭이 넓어 많은 여행자들이 기념품 쇼핑을 즐기기도 했다. 또한, 호이안 야시장은 현지인과 관광객 모두가 함께 어우러지는 활기찬 공간으로, 거리 공연과 음악, 춤 등을 즐기며 생생한 지역 문화를 체험할 수 있는 시간이기도 했다. 특히, 강을 따라 늘어선 노점들은 다양한 길거리 음식을 선보이는데, 이곳에서만 느낄 수 있는 베트남의 맛을 경험하는 것이 독특했다.

신호등이 없는 나라여서 처음에는 좀 당황했지만 곧 적응이 되었다.

길거리의 70%가 오토바이. 오토바이가 자가용이라고 해도 될 것 같았다. 차는 최고 속도가 50~60킬로로 정해졌다는데 오토바이는 자유란다. 그런데 오토바이도 차도 속도를 내지 않았다.

호이안의 화려한 밤과 야시장은 지금도 잊을 수 없는 여행지 중 하나다.

내가 웃으면 세상도 웃는다

어느 병원 앞의 게시판에 이렇게 적혀 있었습니다.

'전갈에 물렸던 분이 여기서 치료를 받았습니다. 그 분은 하루 만에 나아서 퇴원 하였습니다.'

또 다른 게시판이 있었습니다.

'어떤 분이 뱀에 물렸습니다. 그 분은 치료를 받고 3일 만에 건강한 몸으로 퇴원했습니다.'

셋째 게시판에는 이렇게 쓰여 있었습니다.

'어떤 사람이 미친개에게 물려 현재 10일 동안 치료를 받고 있는데 곧 나아서 퇴원 할 것입니다.'

그리고 마지막으로 넷째 게시판도 있었습니다.

'어떤 분이 인간에게 물렸습니다. 그 후 여러 주일이 지났지만 그 분은 무의식상태에 있으며, 회복할

가망도 별로 없습니다.'

그만큼 사람의 독이 강하다는 뜻입니다. 그래서 과학자들이 재미있는 실험을 했다고 합니다.

내용인즉 부부싸움을 악에 받혀 하게 되면 입김이 나오는데 과학자들이 그 입김을 모아 독극물 실험을 했더니 놀랍게도 코브라 독 보다 강한 맹독성 물질이 나왔습니다. 또 한 사람을 데려다가 타액검사를 해본 결과 평소엔 이상이 없었는데, 칸막이 속에 가두어 둔 채 약을 올려 신경질을 부리게 한 뒤 타액검사를 했더니 황소 수 십 마리를 즉사 시킬 만큼의 독극물이 검출 되었답니다. 그러나 즐겁게 웃고 난 사람의 뇌를 조사 해 보니 놀랍게도 독성을 중화시키고 웬만한 암세포라도 죽일 수 있는 호르몬을 다량 분비 시켰다고 발표했습니다.

인간의 내부에는 얼마나 많은 양의 독이 들어 있을까요? 모든 억제, 불안, 미움, 공포, 스트레스 등이 뭉쳐서 눌려 있다가 어느 날 갑자기 폭발하는 순간 그것은 엄청난 양의 독으로 뿜어져 나올 것입니다. 그 독을 없애는 유일한 길은 웃음. 전체적인 웃음만이 그것을 없앨 수 있다고 합니다. 그리고 그 웃음은 주변 사람의 기분마저 바꿔 놓습니다. 내가 웃으면 전 세계의 에너지가 나에게 흘러옵니다. 전 세계가 나에게 웃음을 보냅니다.

어느 나라의 속담에 이런 말이 있습니다. "네가 웃으면 세상도 웃는다. 네가 울면 너는 혼자다. 크게 한 번 웃어보자. 억지로라도 웃어보자." 이렇게 읽고 나면 세상 부러울 것 없는 가장 행복한 사람이 거기 있음을 알게 될 것입니다.

산같이 물같이 살라고 했다

오래 전 자주 다니던 절 주지스님 뵙기를 청하였다. 내 생애 참으로 근심이 무겁게 쌓였던 때였다. 용서하지 못할 사람이 생겼고, 결코 용서해서는 안 될 사람이 생겨서였다. 그분 앞에서 고해성사하듯이 속에 담긴 모든 것들을 쏟아 놓았다. 그리고 손을 내밀었다. 쏟아 놓은 대신 무엇인가를 채워가고 싶었다. 아니, 방법을 알고 싶었다. 스님이 말씀하셨다.

"용서할 수 없을 것을 용서하는 것이 용서입니다. 누구든지 쉽게 용서 하는 것은 용서가 아닙니다."

용서할 수 없는 것, 결코 용서해서는 안되는 것을 용서하라고 했다. 그랬다, 용서할 수없는 것을 용서하는 것이 용서였다. 그리고 그는 또 말했다.

"모든 것을 비워야 다시 채울 수 있습니다."

비워야, 다 비워내야 그것도 그랬다. 나는 그동안 너무 많은 것들을 지니고 있었다. 그래서 비우기로 했다. 스님은 말을 멈추지 않았다.

"수행은 비움입니다. 내가 한다 내가 준다 내가 갖는다 하는 생각, 또는 잘해야지 잘못되면 어쩌나 하는 따위의 생각을 버리고 한마음이 되는 것이 수행이지요."

그렇게 몇 가지를 얻어 나오며 산을 내려다보았다. 산은 날보고 산같이 살라고 했다. 산 밑으로 흐르는 물을 보았다. 물은 날보고 물같이 살라했다. 빈 몸으로 왔으니 빈 마음으로 살라고 했다. 집착, 욕심, 아집, 증오 따위를 버리고 빈 그릇이 되어 살라고 했다. 비우면 무엇이든 담을 수 있다고 했다. 네가 네 마음을 '이것'에 붙들어 매어놓고 '저것'에 고리를 걸어놓고 있는데 어떻게 자유로울 수 있겠느냐고 그러니 항상 노예로 살 수밖에 없다고 했다.

나는 그때 모든 것을 거기에 버리고 왔다. 아니 버

리고 온 줄 알았다. 그런데, 지금도 뭔가가 비워지지 않고 자꾸만 차오른다. 집착이 생기고, 욕심이 생기고. 어쩌란 말인가. 다시 차 오르고 비워지지 않은 이 마음을…….

여행

때로는 여행을 떠나고 싶을 때가 있습니다. 오랜만의 외출, 너무나 오랜만이어서 오랜만인 줄도 모를 때 그냥, 마음을 헹구어 내야 다시 살아질 것 같은 그럴 때, 늘 꿈꾸던 여행을 떠나는 것입니다. 떠나서 그동안 짓눌렸던 삶의 무게도 줄이고, 뭔가에 몰두하여 정신없던 시간들도 고르고, 너무나 고단하여 지친 몸뚱어리도 달래주며 그렇게 여행을 하는 것입니다. 단, 혼자여야 좋습니다. 시간도 공간도 구속을 받아서는 아니 되는 것이며 간섭도 질타도 없는 아주 자유롭고 평안한, 그러면서도 뭔가 모를 그리움이 건듯하게 부는 바람에 섞여 파장을 일으켜도 좋을 그런 여행이어야 합니다. 아주 정갈하게 정리된 방에서 곤한 잠을 홀로 자고 일어나 새로 시작하는 날을 맞이하며, 이제 갓 시집 온 신부처럼 새로운 시작을 꿈꾸는 그래서 새로운 세계가 다시 열리는 그런 여행이여야 합니다.

그래서 혼자 떠나온 여행 모처럼 가볍게 몸을 풀고 돌아갈 것 같습니다. 꽉 차 있던 짐을 비우고 가볍게 날아갈 것 같습니다. 인생은 다른 이의 주검을 보며 자신을 점검하고 또는 자신이 죽음에 이르러서야 그 때에 인생무상을 한탄한다고 합니다. 그러기 전에 떠나와 혼자 열려있는 바다의 너른 가슴을 보며 여유를 배우고, 떠나와 혼자 자고새고 하면서 절대 고독을 배우고, 또 다른 사람들과 어울리면서 세상사는 이치를 배우며 내 삶에 대해 후회 하지 않을 만큼 질 좋은 인심을 주워 담고 살만한 가치도 덤으로 받아 그렇게 그렇게 허허로움을 채워야 합니다. 그래서 여행은 혼자일 때가 좋습니다.

그래서 여행은 가끔 가두는 게 좋습니다. 그래서 여행은 너른 바다가 있는 동해가 좋습니다. 몇 밤을 더 자야 그동안의 찌꺼기들이 다 씻길지 모르지만 분명한 것은 저는 돌아갈 것이고 비워갈 것이고 새로운 꿈을 다시 채워 갈 것입니다.